Edition Wirtschaft und Recht
Herausgegeben von Prof. Dr. Andreas Wien

Edition Wirtschaft und Recht

Band 10

Wege zur Mitarbeitermotivation

Extrinsische versus intrinsische Motivationsinstrumente

von

Nadine Sobe

Herausgegeben von Prof. Dr. Andreas Wien

Tectum Verlag

Nadine Sobe

Wege zur Mitarbeitermotivation.
Extrinsische versus intrinsische Motivationsinstrumente
Edition Wirtschaft und Recht; Band 10
ISBN: 978-3-8288-2952-7
ISSN: 1867-7576

Besuchen Sie uns im Internet
www.tectum-verlag.de

Bibliografische Informationen der Deutschen Bibliothek
Die Deutsche Bibliothek verzeichnet diese Publikation in der Deutschen Nationalbibliografie; detaillierte bibliografische Angaben sind im Internet über http://dnb.ddb.de abrufbar.

Vorwort

Die Schriftenreihe „Edition Wirtschaft und Recht“ hat sich zum Ziel gesetzt, herausragend gut gelungene wissenschaftliche Arbeiten junger Autoren aus den Bereichen Wirtschaftswissenschaften, Steuern und Recht der interessierten Öffentlichkeit vorzustellen. Die Publikationen zeichnen sich insbesondere dadurch aus, dass die wissenschaftlichen Erkenntnisse einen engen Praxisbezug aufweisen und damit in der Regel auch eine praktische Umsetzung im Unternehmen respektive im Berufsalltag bieten.

Im vorliegenden zehnten Band der „Edition Wirtschaft und Recht“ beschäftigt sich die Autorin, Frau Nadine Sobe, mit einem Thema, welches insbesondere für Praktiker im Personalbereich von Interesse sein dürfte: Sie widmet sich dem äußerst komplexen Thema der Mitarbeitermotivation. Im Rahmen der Darstellung wird explizit auf die theoretischen Grundlagen sowie auf mögliche Motivationsinstrumente eingegangen. Darüber hinaus wird der Zusammenhang von Zufriedenheit, Leistung und Motivation aufgezeigt. Die Arbeit von Frau Sobe gibt in gelungener Weise grundlegende Hinweise zu der Frage, wie die Motivation von Mitarbeitern nachhaltig verbessert und die Leistungsbereitschaft gefördert werden kann. Insofern eignet sich die Arbeit insbesondere auch als Leitfaden und Nachschlagewerk für Personalverantwortliche, um eine unternehmensangepasste Strategie für eine sinnvolle Mitarbeitermotivation zu entwickeln.

Hildesheim im Februar 2012

Prof. Dr. jur. Andreas Wien

Inhaltsverzeichnis

1 Einleitung

1.1 Problemstellung und Zielsetzung

Es dürfte als unumstritten gelten, dass der Betrieb eines Unternehmens ohne Menschen nicht möglich ist. Selbst in der hochtechnisierten Zeit, in welcher viele Arbeiten von Maschinen und Computern übernommen werden, können diese die menschliche Arbeit nicht voll ersetzen. Es liegt immer noch in seinem Ermessen, beispielsweise beratende Funktionen zu übernehmen, zu informieren, zu entwickeln und organisatorische Aufgaben auszuführen. Gerade im Dienstleistungsbereich nimmt der Faktor Mensch eine wesentliche Rolle ein. Dabei kann die Technik nur unterstützend wirken.

Das Paradoxe daran ist, dass viele Unternehmen Anlagen und Maschinen regelmäßigen Wartungsarbeiten unterziehen. Das Personal jedoch findet wenig Beachtung und wird lediglich als hoher Kostenfaktor gesehen. Menschen sollen funktionieren und möglichst einfach zu handhaben sein. Dabei wird vernachlässigt, dass ein Mensch, im Gegensatz zu zwei Maschinen derselben Baureihe, nicht dem anderen gleicht.
Maschinen wird von außen Energie zugeführt, damit sie die gewünschte Arbeitsleistung erbringen. Es gilt zu klären, ob das auch beim Menschen ausreicht.

Dabei wird die Bedeutung des Faktors Mensch oft verkannt. So können betriebliche Ziele nur erreicht werden, wenn dem Unternehmen ausreichend leistungsfähige sowie leistungsbereite Mitarbeiter zur Verfügung stehen.
Es gilt nun zu klären, wie Motivation und folglich Engagement nachhaltig erzeugt werden kann.
Dem Geld als Motivationsgrundlage wird dabei häufig ein hoher Stellenwert beigemessen. Doch sind es immer finanzielle Anreize, die zu hoher Motivation führen oder existieren darüber hinaus weitere Maßnahmen, die für zufriedene, engagierte Mitarbeiter sorgen?

Es wird deutlich, dass Mitarbeitermotivation ein sehr komplexes Thema darstellt. Dennoch soll versucht werden, wesentliche Grundregeln für eine nachhaltige Motivation der Beschäftigten herauszufiltern. Hierfür ist es relevant, die Diskussion zu führen, ob Mitarbeitermotivation von außen zu beeinflussen ist.

1.2 Vorgehensweise

Das erste Kapitel dieser Diplomarbeit setzt sich aus der Problemstellung mit Zielsetzung und der Vorgehensweise zusammen.

Im zweiten Kapitel der Arbeit soll der Leser zunächst mit grundlegenden Begrifflichkeiten zur vorliegenden Motivationsthematik vertraut gemacht werden. Anschließend folgt eine an die Einleitung anknüpfende Zusammenstellung von Gründen für die Beschäftigung mit der Mitarbeitermotivation. Darüber hinaus wird der zunehmende Stellenwert für das Unternehmen verdeutlicht. Der letzte Abschnitt des zweiten Kapitels befasst sich mit ausgewählten Theorien, die ein besseres Verständnis der Zusammenhänge zwischen menschlichem Verhalten und der Motivation erzeugen sollen.

Auf Grundlage der gewonnenen Erkenntnisse wurden zahlreiche Instrumente entwickelt, die sich positiv auf die Motivation auswirken sollen. In Kapitel drei werden verschiedene Maßnahmen vorgestellt, deren Wirkungen aufgezeigt aber auch Grenzen der Mitarbeitermotivation verdeutlicht.

Kapitel vier geht intensiv auf die Zusammenhänge von Leistung, Motivation und Zufriedenheit ein.

Mit Kapitel fünf, in welchem die gewonnenen Erkenntnisse noch einmal zusammengefasst und Empfehlungen für einen praxisgerechten Einsatz gegeben werden, schließt diese Arbeit.

2 Motivationstheoretische Grundlagen

2.1 Begriffsklärung

2.1.1 Motive

Der Begriff des Motivs kann umschrieben werden mit Antrieb, Ansporn, Beweggrund oder auch mit Bedürfnis. Beispiele sind das Verlangen nach Nahrung, Zuwendung oder Einflussnahme.[1]

Die Motive stellen separate Impulse dar, die sich auf das menschliche Verhalten auswirken und zu zielgerichteten Handlungsweisen mobilisieren.[2] Dabei findet ein Wechselspiel zwischen einer subjektiv wahrgenommenen Mangelerscheinung und seiner Befriedigung statt.[3] Motive sind solange nur unterschwellig vorhanden, bis der Zustand eines Mangels als zu stark empfundenen wird. Das aktivierte Motiv wirkt sich sodann auf das unmittelbare Verhalten eines Menschen aus.[4] Es wird deutlich, dass sich Motive aus dem Bedürfnis Defizite auszugleichen und der Erwartung, dieses durch ein bestimmtes Verhalten zu erlangen, zusammensetzen.[5]

---

1 Vgl. Kempe, Hans-Joachim/Kramer, Rolf: Mitarbeiter-Motivation, Bergisch Gladbach 1993, S. 9.

2 Vgl. Kempe, Hans-Joachim/Kramer, Rolf: Mitarbeiter-Motivation, Bergisch Gladbach 1993, S. 9.; Vgl. Rosenstil, Lutz von: Motivation im Betrieb,11. Aufl., Leonberg 2010, S. 6.; Vgl. Kals, Elisabeth/ Gallenmüller-Roschmann, Jutta: Arbeits- und Organisationspsychologie, 2. Aufl., Basel/Weinheim 2011, S. 178.

3 Vgl. Kempe, Hans-Joachim/Kramer, Rolf: Mitarbeiter-Motivation, Bergisch Gladbach 1993, S. 9.; Vgl. Rosenstil, Lutz von: Motivation im Betrieb, 11. Aufl., Leonberg 2010, S. 9.; Vgl. Jung, Hans: Personalwirtschaft, 8. Aufl., München 2008, S. 367.; Vgl. Rosenstiel, Lutz von/Regnet, Erika/Domsch, Michel (Hrsg.): Führung von Mitarbeitern, 5. Aufl., Stuttgart 2003, S. 198.

4 Vgl. Rosenstil, Lutz von: Motivation im Betrieb, 11. Aufl., Leonberg 2010, S. 9.; Vgl. Rosenstiel, Lutz von/Regnet, Erika/Domsch, Michel (Hrsg.): Führung von Mitarbeitern, 5. Aufl., Stuttgart 2003, S. 198.; Vgl. Jung, Hans: Personalwirtschaft, 8. Aufl., München 2008, S. 368.

5 Vgl. Jung, Hans: Personalwirtschaft, 8. Aufl., München 2008, S. 367.

Zahlreiche Motive sind bereits von Geburt an vorhanden. Sie sichern seit jeher das Fortbestehen der menschlichen Spezies.
Es existieren allerdings keine Vorgaben darüber, wie das Ziel der Motivbefriedigung erlangt werden kann. Somit stehen dem Menschen verschiedene Möglichkeiten offen.[6] Im Normalfall wird eine Person den Weg wählen, von dem erwartet wird, dass er zuverlässig und schnellstmöglich zur Zielerreichung beiträgt.[7]
Beispielsweise erfährt eine Person einen Mangel in Form von Durst.[8] Diese geht davon aus, dass ein Getränk aus dem Kühlschrank die trockene Kehle erfrischen kann. Sofern ein Getränk vorhanden ist, wird sich die Person ein Glas einschenken und trinken. Somit ist der Durst beseitigt und die Person ist zufrieden.
Die Erwartung, dass Handlungen zum Ziel führen, ist dabei von enormer Bedeutung. Eine fehlerhafte Erwartung kann zu Frustration führen, da Mängel weiterhin bestehen bleiben. So wird sehr süßer Saft nur schwer den Durst löschen. Auch das individuelle Empfinden spielt eine Rolle. So kann die Erwartung, dass ein gewähltes Verhalten zur Beseitigung eines Defizits führt, in unterschiedlichster Weise bewertet werden. Eine hohe Sicherheit, aber auch eine sehr geringe Erwartungswahrscheinlichkeit, können Handlungen veranlassen. Letzteres stellt möglicherweise eine Herausforderung für die betreffende Person dar.[9]
Es wird deutlich, dass die Erfahrungen, in Form von Erfolg oder Misserfolg einer gewählten Handlungsalternative, Einfluss auf das Motiv nehmen und es folglich neu formen. Spätere Situationen werden dann unter Umständen neu bewertet und das

---

6 Vgl. Comelli, Gerhard/von Rosenstiel, Lutz: Führung durch Motivation, 4. Auflage, München 2009, S. 20.

7 Vgl. Rosenstil, Lutz von: Motivation im Betrieb,11. Aufl., Leonberg 2010, S. 8.

8 Vgl. Kempe, Hans-Joachim/Kramer, Rolf: Mitarbeiter-Motivation, Bergisch Gladbach 1993, S. 9.; Vgl. Comelli, Gerhard/von Rosenstiel, Lutz: Führung durch Motivation, 4. Auflage, München 2009, S. 7, 10.

9 Vgl. Rosenstiel, Lutz von/Regnet, Erika/Domsch, Michel (Hrsg.): Führung von Mitarbeitern, 5. Aufl., Stuttgart 2003, S. 197.; Vgl. Rosenstil, Lutz von: Motivation im Betrieb, 11. Aufl., Leonberg 2010, S. 7f.; Vgl. Comelli, Gerhard/von Rosenstiel, Lutz: Führung durch Motivation, 4. Auflage, München 2009, S. 10.

Verhalten dementsprechend angepasst.[10] So können vorhandene Motive verstärkt bzw. abgeschwächt werden.[11] Auch die Erziehung, die Idealvorstellungen sowie die gesellschaftlichen Normen und Werte üben Einfluss auf die Motivbildung aus. Somit können im Laufe des Lebens immer neue Motivabsichten durch Lernprozesse sowie Umwelteinflüsse hinzukommen.[12]

Nach einer gewissen Zeit wird sich ein vorerst erfülltes Motiv erneut melden. So werden physische Bedürfnisse, wie der lebensnotwendige Sauerstoff, das Verlangen nach Nahrung und Getränken, häufiger und in kürzeren Abständen ihre Beachtung einfordern. Das Verlangen nach Freizeitbeschäftigung hingegen, wird im Gegensatz dazu, eher selten auftreten.[13]

Das Verhalten eines Menschen ist ein sehr komplexer Vorgang, der es nahezu unmöglich macht, einzelne Motive im Moment ihres Wirkens greifbar zu machen.[14] Daher wird eine vereinfachte Betrachtungsweise der menschlichen Beweggründe herangezogen. Diese erlaubt eingehende Untersuchungen der Thematik in Wissenschaft und Praxis.[15]
Somit kann man die Verhaltensweisen von Menschen beobachten und diesen Beweggründe zuordnen.[16] Die Fremdbeobach-

---

10 Vgl. Rosenstiel, Lutz von/Regnet, Erika/Domsch, Michel (Hrsg.): Führung von Mitarbeitern, 5. Aufl., Stuttgart 2003, S. 199.; Vgl. Jung, Hans: Personalwirtschaft, 8. Aufl., München 2008, S. 367.

11 Vgl. Jung, Hans: Personalwirtschaft, 8. Aufl., München 2008, S. 368.

12 Vgl. Comelli, Gerhard/von Rosenstiel, Lutz: Führung durch Motivation, 4. Auflage, München 2009, S. 21.; Vgl. Jung, Hans: Personalwirtschaft, 8. Aufl., München 2008, S. 368.

13 Vgl. Rosenstiel, Lutz von/Regnet, Erika/Domsch, Michel (Hrsg.): Führung von Mitarbeitern, 5. Aufl., Stuttgart 2003, S. 197.

14 Vgl. Rosenstil, Lutz von: Motivation im Betrieb,11. Aufl., Leonberg 2010, S. 6.; Vgl. Comelli, Gerhard/von Rosenstiel, Lutz: Führung durch Motivation, 4. Auflage, München 2009, S. 21;

15 Vgl. Rosenstil, Lutz von: Motivation im Betrieb,11. Aufl., Leonberg 2010, S. 6., Vgl. Kühlmann, Torsten M.: Mitarbeiterführung in internationalen Unternehmen, Stuttgart 2008, S. 60.

16 Vgl. Rosenstiel, Lutz von/Regnet, Erika/Domsch, Michel (Hrsg.): Führung von Mitarbeitern, 5. Aufl., Stuttgart 2003, S. 196.

tung erfordert allerdings wiederholte Durchgänge, die von mehreren Personen vollzogen werden.[17]
Sind jedoch unbewusste Motive vorhanden, können diese von außen nicht wahrgenommen werden. Dann kann nur die Selbstbeobachtung helfen.[18] Resultate dieser Innenschau können nur in mündlicher oder schriftlicher Form erfragt werden und sind daher für betriebliche Interessen weniger geeignet.
Die Mitarbeiterbefragung ist die beste Lösung, um Aufschluss über die Motive seiner Angestellten zu erhalten. Voraussetzung ist dabei, dass innerhalb des Unternehmens ein vertrauensvoller Umgang herrscht. Des Weiteren sollten bei der Auswertung von Erkundigungen die äußeren Umstände eines Mitarbeiters und dessen Position in der Firma berücksichtigt werden. So unterscheiden sich die Motivziele eines gering verdienenden Arbeiters deutlich von denen einer besser bezahlten Führungskraft, welche im Gegensatz zu seinen Untergebenen mit wesentlich verantwortungsvolleren Aufgaben betraut ist.[19]

Die Vielzahl an unterschiedlichen Motiven erfordert eine eingehende Auseinandersetzung mit dessen Inhalten, um sie bei Führungsentscheidungen im personellen Bereich einbeziehen zu können.[20] Dabei sollte eine Abgrenzung von der Zielerreichung und dem Weg dorthin erfolgen, um entsprechend motivationsfördernde Instrumente einsetzen zu können.[21] Nur so kann es gelingen, die Zufriedenheit sowie die Motivation der Mitarbeiter positiv zu beeinflussen.[22]
An unserem Beispiel der durstigen Person kann das unterschwellig vorhandene Motiv des Durstes schneller und stärker aktiviert werden, wenn ein Anreiz, beispielsweise in Form des

---

17 Vgl. Jung, Hans: Personalwirtschaft, 8. Aufl., München 2008, S. 374.

18 Vgl. Rosenstiel, Lutz von/Regnet, Erika/Domsch, Michel (Hrsg.): Führung von Mitarbeitern, 5. Aufl., Stuttgart 2003, S. 196f.

19 Vgl. Jung, Hans: Personalwirtschaft, 8. Aufl., München 2008, S. 374.

20 Vgl. Olfert, Klaus (Hrsg.): Personalwirtschaft, 11., überarbeitete und aktualisierte Auflage, Kiehl 2005, S. 217.

21 Vgl. Rosenstiel, Lutz von/Regnet, Erika/Domsch, Michel (Hrsg.): Führung von Mitarbeitern, 5. Aufl., Stuttgart 2003, S. 199.

22 Vgl. Olfert, Klaus (Hrsg.): Personalwirtschaft, 11., überarbeitete und aktualisierte Auflage, Kiehl 2005, S. 217.

Servierens eines schönen kühlen Bieres, erfolgt. Ein vorhandenes Motiv wird durch die Situation beeinflusst.[23]
Ebenso können neue Ziele geformt werden. So kann ein Mensch, der zuvor noch kein Bier getrunken hat, unter Umständen dafür begeistert werden.[24]
Dieser Sachverhalt ist von besonderer Bedeutung für die Wirtschaft speziell für das Arbeitsleben. Denn für das Berufsleben bedeutet dies, dass Mitarbeiter durch verschiedenste Anreize angespornt werden können. Etwa durch Lob oder Prämien.[25]
Die Anreize müssen jedoch mit den Motiven der Person übereinstimmen.
So wird ein Bier einen Antialkoholiker eher abstoßen und sein Durstmotiv vorerst abschwächen. Auch ist eine Belohnung in Form eines mehrjährigen Auslandsaufenthaltes für einen jungen Familienvater, der frisch verheiratet ist, unangemessen und wird nicht die gewünschte Wirkung einer weiterhin in hohem Maße bestehenden Leistungsbereitschaft haben.[26] Somit bieten Anreize lediglich das Potential zur Motivationsaktivierung. Falsch eingesetzt sind sie also nutzlos.[27]

Der Einfluss sowie die Bedeutsamkeit der Motive, insbesondere für das Arbeitsleben, werden zudem durch die Unterteilung in verschiedene Gruppen sichtbar.
So werden die verschiedenen Beweggründe aufgegliedert in die physischen, psychischen und sozialen Motive, in die primären

---

23 Vgl. Comelli, Gerhard/von Rosenstiel, Lutz: Führung durch Motivation, 4. Auflage, München 2009, S. 9, 27. ; Vgl. Kühlmann, Torsten M.: Mitarbeiterführung in internationalen Unternehmen, Stuttgart 2008, S. 60.

24 Vgl. Comelli, Gerhard/von Rosenstiel, Lutz: Führung durch Motivation, 4. Auflage, München 2009, S. 27.

25 Vgl. Comelli, Gerhard/von Rosenstiel, Lutz: Führung durch Motivation, 4. Auflage, München 2009, S. 9.; Vgl. Kühlmann, Torsten M.: Mitarbeiterführung in internationalen Unternehmen, Stuttgart 2008, S. 60.

26 Vgl. Comelli, Gerhard/von Rosenstiel, Lutz: Führung durch Motivation, 4. Auflage, München 2009, S. 9., Vgl. Kühlmann, Torsten M.: Mitarbeiterführung in internationalen Unternehmen, Stuttgart 2008, S. 60.

27 Vgl. Kühlmann, Torsten M.: Mitarbeiterführung in internationalen Unternehmen, Stuttgart 2008, S. 61.

und sekundären Motive und in die extrinsischen und intrinsischen Motive. Auf die begriffliche Bestimmung der Letzteren wird unter den Punkten *2.1.4* und *2.1.5* eingegangen.
Die physischen Motive umfassen alle grundlegenden, naturnahen Bedürfnisse, wie beispielsweise Hunger, Durst und der Wunsch nach Wohnraum.
Zu den psychischen Motiven zählen die Selbstbestimmung, die Realisierung eigener Ziele, Sehnsüchte und Wünsche oder die Möglichkeit zur Entwicklung der eigenen Persönlichkeit.
Das Ansehen in der Gesellschaft ist Gegenstand der sozialen Motive. Beispiele sind freundschaftliche Verbindungen oder das Zugehörigkeitsgefühl zu Kollektiven.
Die primären Motive sind angeborene, instinktiv vorhandene Bedürfnisse, wie zum Beispiel Hunger oder Durst.
Hingegen werden sekundäre Motivziele verfolgt, um weitere Motive erfüllen zu können. So stellt das Bedürfnis nach Geld ein solches dar, denn mit diesem lassen sich zahlreiche Motive primärer Art befriedigen.[28]

2.1.2 Motivation

Die enorme Auslegungsbandbreite des Motivationsbegriffes führt zu unterschiedlichen Interpretationen. Daher entstehen nicht selten Verständnisprobleme. Eine eingehende Beschäftigung mit der Thematik ist daher unabdingbar.[29]

Die Gefühlswelt sowie die Verhaltensweisen eines Menschen können durch ihre enorme Vielfalt unmöglich verallgemeinert werden. Demnach ist es auch nur möglich, einzelne Gesichtspunkte der Motivation näher zu erläutern. Unzählige Theorien

28 Vgl. Jung, Hans: Personalwirtschaft, 8. Aufl., München 2008, S. 369f., Vgl. Kühlmann, Torsten M.: Mitarbeiterführung in internationalen Unternehmen, Stuttgart 2008, S. 60.

29 Vgl. Comelli, Gerhard/von Rosenstiel, Lutz: Führung durch Motivation, 4. Auflage, München 2009, S. 5.; Vgl. Heyeckhaus, Marcus: Die Motivation ist tot. Lang lebe die Motivation! Mitarbeitermotivation: Vom Mythos zur Praxis?, in: http://www.openpr.de/news/523767/Die-Motivation-ist-tot-Lang-lebe-die-Motivation-Mitarbeitermotivation-Vom-Mythos-zur-Praxis.html, März 2011. (Stand: 09. 07.2011)

schenken dem Thema höchste Aufmerksamkeit. Insbesondere Erfahrungswerte, die durch die Praxis gewonnen wurden, verhelfen zu einem besseren Verständnis des komplexen Zusammenspiels der motivationsbildenden Faktoren.[30]

Es besteht oftmals der Irrglaube, dass es sich bei der Motivation um ein angeborenes Wesensmerkmal, sprich eine Eigenschaft, wie Kontaktfreudigkeit oder Kreativität handelt und diese dementsprechend auch nicht verändert werden kann. Dass es sich bei dieser Annahme schlichtweg um eine falsche Begriffseinordnung handelt, wird deutlich, wenn man sich Menschen anschaut, die im Berufsleben wenig Engagement zeigen. In der Freizeit gehen diese jedoch umso ehrgeiziger einer Tätigkeit nach, beispielsweise in Form einer sportlichen Aktivität im Verein oder einer ehrenamtlichen Beschäftigung, wie bei der freiwilligen Feuerwehr.[31]
Ebenso wird Motivation häufig mit Manipulation[32], also der unwissentlichen Beeinflussung, die dazu dient, eigene Ziele zu erreichen, gleichgesetzt. So wird insbesondere von Vorgesetzten erwartet, dass diese schnell und unkompliziert etwas an der Einstellung ihrer Untergebenen ändern können. Allerdings ist Feingefühl gefragt, wenn man Menschen motivieren will. Motivationsfördernde Maßnahmen können nur ihre Wirkung entfalten, wenn diese Freiräume zur Persönlichkeitsentwicklung bieten und darüber hinaus bestmögliche Gegebenheiten im Arbeitsumfeld herrschen.[33]
Wahrhafte Motivation soll Personen keineswegs zu ungewollten Aktivitäten zwingen. Das Anliegen besteht vielmehr darin,

---

30 Vgl. Loffing, Christian/Hofmann, Cindy/Splietker, Marcus: Mitarbeitermotivation leicht gemacht, hrsg. von Christian Loffing, Stuttgart 2006, S. 16.

31 Vgl. Niermeyer, Rainer/Seyffert, Manuel: Motivation, 4. Aufl., Planegg/München 2009, S. 7.

32 Als Manipulation wird die Beeinflussung anderer Personen bezeichnet, die dazu dient, eigene Zielvorstellungen zu verwirklichen, ohne dass der Betroffene diese als solche wahrnimmt. (Vgl. Stroebe, Rainer W.: Grundlagen der Führung, hrsg. von Ekkehard Crisand, Gerhard Raab, 13. Aufl. Hamburg 2010, S. 64.)

33 Vgl. Niermeyer, Rainer/Seyffert, Manuel: Motivation, 4. Aufl., Planegg/München 2009, S. 7f.

die Begeisterung für ein Tun zu wecken. Dabei ist es tabu, falsche Illusionen zu erzeugen.[34]

Der Begriff Motivation geht auf das lateinische Verb „movere" zurück, welches gleichbedeutend mit bewegen ist.[35]
Das heißt Motivation versetzt uns in Bewegung und treibt uns sowohl geistig als auch körperlich an. Sie hilft uns Ziele zu verfolgen und lässt uns allen Ablenkungen zum Trotz weiter daran festhalten. Sie gibt uns Kraft, um unsere Vorhaben in die Tat umzusetzen.[36]

Somit umfasst der Motivationsbegriff sämtliche Handlungsweisen, die auf die Erfüllung eines Zieles ausgerichtet sind. Von dieser Annahme klar abzugrenzen sind reflexartige Handlungen und erzwungene körperlich wirkende Aktivitäten. Hierfür kann der Sturz aufgrund eines unebenen Gehweges oder das Zusammenbrechen bei starken Schmerzen genannt werden.[37]
Die Motivation beeinflusst auch unsere Gefühlswelt erheblich. Dabei sind Euphorie, Erfüllung, aber auch innere Anspannung, Unsicherheit, Frustration oder Furcht mögliche Begleiter unse-

---

34 Vgl. Kempe, Hans-Joachim/Kramer, Rolf: Mitarbeiter-Motivation, Wunsch und Wirklichkeit, Band 33, Bergisch Gladbach(: Heider,) 1993, S. 11.

35 Vgl. Kempe, Hans-Joachim/Kramer, Rolf: Mitarbeiter-Motivation, Bergisch Gladbach 1993, S. 9.; Vgl. Sprenger, Reinhard K.: Mythos Motivation, Frankfurt/Main 2010, S. 23.; Vgl. Heyeckhaus, Marcus: Die Motivation ist tot. Lang lebe die Motivation! Mitarbeitermotivation: Vom Mythos zur Praxis?, in: http://www.openpr.de/news/523767/Die-Motivation-ist-tot-Lang-lebe-die-Motivation-Mitarbeitermotivation-Vom-Mythos-zur-Praxis.html, März 2011. (Stand: 09.07.2011)

36 Vgl. Comelli, Gerhard/von Rosenstiel, Lutz: Führung durch Motivation, 4. Auflage, München 2009, S. 1 in Verbindung mit vgl. Kals, Elisabeth/Gallenmüller-Roschmann, Jutta: Arbeits- und Organisationspsychologie, 2. Aufl., Basel/Weinheim 2011, S. 178.

37 Vgl. Kühlmann, Torsten M.: Mitarbeiterführung in internationalen Unternehmen, Stuttgart 2008, S. 59.

res Handelns auf dem Weg zum oder bei Erlangung des gesteckten Ziels.[38]

Die Motivation stellt eine Kombination aus mehreren Motivzielen dar, die ihre Wirkung je nach Situation entfalten.[39] Sie kann ebenso als eine Abweichung vom vorliegenden zum gewünschten Zustand beschrieben werden. Dieses Missverhältnis gilt es auszugleichen.[40]

Äußere sowie in der Person liegende Kräfte üben einen Einfluss auf die Motivation aus. Diese können von ganz unterschiedlicher Intensität sein. Beispielsweise kann ein Mensch durch Belohnung zu einer Handlung bewegt werden oder aber die jeweilige Situation bzw. Aufgabe entspricht seinen Neigungen und wird aufgrund dessen aus freien Stücken ausgeführt. Auch ein leichtes Bedürfnis unterscheidet sich in der Intensität vom Drang deutliche Zielsetzungen verwirklichen zu wollen.[41]
Davon abzugrenzen ist der Wille eines Menschen. Dieser ist gefordert, wenn eine ungenügende oder fehlende Motivation bei bestimmten Handlungen oder Tätigkeiten vorliegt. Trotz großer Unlust werden die Aufgaben erledigt.[42]
Motivation ist keine starre Größe, sondern vielmehr das Resultat eines Prozesses, der aus dem Zusammenspiel verschiedener Parameter entsteht. So sind die Intensität des inneren Antriebes, die Ansicht sein Leben selbst beeinflussen zu können, der Lebensabschnitt in dem man sich momentan befindet und die Ge-

38 Vgl. Comelli, Gerhard/von Rosenstiel, Lutz: Führung durch Motivation, 4. Auflage, München 2009, S. 1.; Vgl. Kühlmann, Torsten M.: Mitarbeiterführung in internationalen Unternehmen, Stuttgart 2008, S. 59.

39 Vgl. Kempe, Hans-Joachim/Kramer, Rolf: Mitarbeiter-Motivation, Bergisch Gladbach 1993, S. 9.

40 Vgl. Kempe, Hans-Joachim/Kramer, Rolf: Mitarbeiter-Motivation, Bergisch Gladbach 1993, S. 9f.

41 Vgl. Comelli, Gerhard/von Rosenstiel, Lutz: Führung durch Motivation, 4. Auflage, München 2009, S. 6f.; Vgl. Niermeyer, Rainer/ Seyffert, Manuel: Motivation, 4. Aufl., Planegg/München 2009, S. 12f.

42 Vgl. Comelli, Gerhard/von Rosenstiel, Lutz: Führung durch Motivation, 4. Auflage, München 2009, S. 6f.

fühlszustände in der jeweiligen Situation entscheidend. Aus diesen vier Faktoren bildet sich die Motivation stets aufs Neue.[43]
Als erschwerend kann hierbei angesehen werden, dass der Mensch bei der Betrachtung motivationsbeeinflussender Aspekte oftmals nur diese erkennen kann, die er selbst schon erlebt hat.[44]
Motivation beeinflusst in hohem Maße unser tägliches Verhalten. Sie ist richtungsweisend und gibt darüber hinaus die Dauer und Ausprägung des individuellen Verhaltens im Wesentlichen vor.[45]
Es gilt jedoch zu beachten, dass sich nicht allein die Motivation als individuelles Wollen auf das menschliche Verhalten auswirkt. Daneben existieren weitere Bedingungen, die berücksichtigt werden müssen. So muss sich an gesellschaftlichen Grundsätzen, Regeln sowie Normen, die das Verhalten betreffen, orientiert werden. Diese beruhen auf fest vorgeschriebenen, aber auch auf als selbstverständlich erachteten Werten. Des Weiteren spielen die vorherrschenden situativen Umstände eine bedeutende Rolle. Das Verhalten kann Unterstützung erfahren oder aber gehemmt werden. Beispielsweise wird ein geplanter Ausflug mit dem Auto nicht stattfinden, wenn dieses nicht anspringt. In diesem Moment kann auch die Motivation nicht helfen. Eine Instandsetzung des Fahrzeuges ist unabdingbar und verhindert somit für den Moment das beabsichtigte Vorhaben.
Um ein Kraftfahrzeug überhaupt im Straßenverkehr bewegen zu dürfen, ist der Erwerb eines Führerscheins vonnöten. Damit sind wir bei einer weiteren wichtigen Verhaltensbedingung, dem Können oder der Kompetenz eines Menschen. Gemeint ist das persönliche Repertoire an individuellen Geschicken, Lebenserfahrungen, erworbenen Fertigkeiten und Kenntnissen.
Alle genannten Bedingungen üben einen Einfluss auf unser Verhalten aus. Dabei weisen die vier Faktoren ein wechselseitiges Beziehungsverhältnis auf. Dieses komplexe Zusammenspiel der einzelnen Bedingungen erklärt, warum eigene sowie Ver-

43 Vgl. Niermeyer, Rainer/Seyffert, Manuel: Motivation, 4. Aufl., Planegg/München 2009, S. 10-12.

44 Vgl. Rosenstiel, Lutz von/Regnet, Erika/Domsch, Michel (Hrsg.): Führung von Mitarbeitern, 5. Aufl., Stuttgart 2003, S. 196f.

45 Vgl. Comelli, Gerhard/von Rosenstiel, Lutz: Führung durch Motivation, 4. Auflage, München 2009, S. 27.

haltensweisen anderer Personen nicht immer zu unserer Zufriedenheit verwirklicht werden können. Alle Voraussetzungen müssen gleichermaßen erfüllt sein.[46]
Das heißt ohne Wollen, trotz hervorragender Kompetenz keine Handlungsausführung bzw. eine Beendigung dieser, was zu einem Ausbleiben der Zielerreichung führt. Handlungen trotz enormen Wollens sind ohne Können zum Scheitern verurteilt. Auch das Vorliegen von Wollen und Können ändert beim Fehlen der situativen Ermöglichung oder dem sozialen Dürfen, wie zum Beispiel ungeeigneter Arbeitsmittel oder Neid, nichts an dem ausbleibenden oder vorzeitig endenden Handeln.[47]

Zusammenfassend lässt sich Motivation beschreiben als

> „[…] Sammelbezeichnung für die Vorgänge, die menschliches Handeln ausrichten, initiieren, mit einer bestimmten Intensität versehen, über eine bestimmte Zeitdauer hinweg aufrechterhalten und beenden."[48]

So ist die Motivation vor allem bedeutend für die Handlungen der arbeitenden Bevölkerung und damit für die gesamte Wirtschaft.[49]

2.1.3 Arbeitsmotivation

Motivation ist von herausragender Bedeutung für die Führung von Mitarbeitern in Unternehmen und wird sogar als dessen Schlüsselfaktor beschrieben. Es heißt, dass bei jedem Menschen motiviertes Handeln erst durch angemessene Intervention akti-

---

46 Vgl. Comelli, Gerhard/von Rosenstiel, Lutz: Führung durch Motivation, 4. Auflage, München 2009, S. 2-4., Vgl. Kühlmann, Torsten M.: Mitarbeiterführung in internationalen Unternehmen, 1. Auflage, Stuttgart 2008, S. 57f.; Rosenstiel, Lutz von/Regnet, Erika/Domsch, Michel (Hrsg.): Führung von Mitarbeitern, 5. Aufl., Stuttgart 2003, S. 196.

47 Vgl. Kühlmann, Torsten M.: Mitarbeiterführung in internationalen Unternehmen, 1. Auflage, Stuttgart 2008, S. 58.

48 Kühlmann, Torsten M.: Mitarbeiterführung in internationalen Unternehmen, 1. Auflage, Stuttgart 2008, S. 59.

49 Vgl. Comelli, Gerhard/von Rosenstiel, Lutz: Führung durch Motivation, 4. Auflage, München 2009, S. 1.

viert wird. Ohne diese wird dem Menschen unterstellt, er sei eher lustlos und träge.[50] Daneben existiert auch die Ansicht, dass der Mensch sich selbst motiviert und lediglich die störenden Faktoren beseitigt werden müssen.[51]

Mitarbeiter werden von ihren Vorgesetzen mit neuen Motivzielen ausgestattet und ihnen wird vermittelt, wie diese erreicht werden können. Es gilt die Mitarbeiter zu aktivieren, zu begeistern und somit ihr Verhalten zu beeinflussen, um es in gewünschte Bahnen zu lenken.[52] Dabei sollen die Beschäftigten aus freien Stücken für unternehmerische Ziele einstehen. Die entsprechende Antriebskraft wird durch die Verbindung unternehmerischer mit den eigenen Interessen erzeugt.[53] Arbeitsmotivation entsteht dabei aus dem Zusammenspiel von den individuellen Zielvorstellungen und Wünschen der Mitarbeiter sowie dem durch das Unternehmen gebotenen Motivationspotential.[54]

> „Arbeitsmotivation ist ein Zustand, der erwünschte produktive Arbeitshandlungen fördert."[55]

Eine ausgeprägte Arbeitsmotivation kann durch bestimmte Gefühlszustände und Handlungsweisen zum Ausdruck kommen, wie pünktliches und vereinbartes Erscheinen bei der Arbeit, durch ein hohes Maß an Leistung, Zufriedenheit und Stolz sowie mittels Identifikation mit dem Unternehmen.

---

50 Vgl. Sprenger, Reinhard K.: Mythos Motivation, Frankfurt/Main 2010, S. 23., Vgl. Kühlmann, Torsten M.: Mitarbeiterführung in internationalen Unternehmen, 1. Auflage, Stuttgart 2008, S. 56.

51 Vgl. Heyeckhaus, Marcus: Die Motivation ist tot. Lang lebe die Motivation! Mitarbeitermotivation: Vom Mythos zur Praxis?, in: http://www.openpr.de/news/523767/Die-Motivation-ist-tot-Lang-lebe-die-Motivation-Mitarbeitermotivation-Vom-Mythos-zur-Praxis.html, März 2011. (Stand: 09.07.2011)

52 Vgl. Sprenger, Reinhard K.: Mythos Motivation, Frankfurt/Main 2010, S. 23.

53 Vgl. Stroebe, Rainer W.: Grundlagen der Führung, hg. Ekkehard Crisand, Gerhard Raab, 13. Aufl. Hamburg 2010, S. 64f.

54 Vgl. Kühlmann, Torsten M.: Mitarbeiterführung in internationalen Unternehmen, 1. Auflage, Stuttgart 2008, S. 62.

55 Kals, Elisabeth/Gallenmüller-Roschmann, Jutta: Arbeits- und Organisationspsychologie, 2. Aufl., Basel/Weinheim 2011, S. 178.

Hingegen zeigt sich mangelnde oder gänzlich fehlende Motivation in unentschuldigtem Fernbleiben vom Arbeitsplatz, einer allgemeinen Unzufriedenheit, gefolgt von Desinteresse, Unmut sowie durch langanhaltende Frustration ausgelöste Kündigungen. Die Bedürfnisse des Einzelnen werden nicht in ausreichendem Maße erfüllt.[56] Ein Abfall der Leistungsfähigkeit und der Leistungsbereitschaft kann verzeichnet werden.[57]
Im Tagesverlauf sind kurzzeitige Motivationstiefs und dynamische Motivationsänderungen jedoch durchaus normal und sind auf zeitliche Schwankungen, wie den Abfall der Leistungskurve um die Mittagszeit, auf ein für den Moment enormes Arbeitspensum oder dürftige Pausenzeiten zurückzuführen.[58]

2.1.4 Extrinsische Motivation

Bei der extrinsischen (Arbeits-)Motivation steht die Erlangung eines Zieles im Vordergrund. Es ist weniger von Bedeutung, wie der Weg beschritten wird.[59] So beziehen sich Motive extrinsischer Natur auf Ergebnisse oder Begleiterscheinungen der Arbeitsaufgabe. Die eigentliche Tätigkeit ist wenig relevant.[60] Die Arbeit dient nur der Erfüllung weiterer Motive.[61] Dieser Sachverhalt kann am Beispiel der Automobilindustrie verdeutlicht werden. Die stupiden Arbeitsabläufe, insbesondere im Be-

---

56 Vgl. Kals, Elisabeth/Gallenmüller-Roschmann, Jutta: Arbeits- und Organisationspsychologie, 2. Aufl., Basel/Weinheim 2011, S. 178f.

57 Vgl. Nohria, Nitin/Groysberg, Boris/Lee, Linda-Eling: Mitarbeiter richtig motivieren, in: Harvard Business manager, Edition 2 (2010), S. 27.; Vgl. Nohria, Nitin/Groysberg, Boris/Lee, Linda-Eling: Mitarbeiter richtig motivieren, in: Harvard Business manager, Jg. 30 (2008), S. 23.

58 Vgl. Kals, Elisabeth/Gallenmüller-Roschmann, Jutta: Arbeits- und Organisationspsychologie, 2. Aufl., Basel/Weinheim 2011, S. 178f.

59 Vgl. Comelli, Gerhard/von Rosenstiel, Lutz: Führung durch Motivation, 4. Auflage, München 2009, S. 10f.; Rosenstil, Lutz von: Motivation im Betrieb, 11. Aufl., Leonberg 2010, S. 12.

60 Vgl. Olfert, Klaus (Hrsg.): Personalwirtschaft, 11., überarbeitete und aktualisierte Auflage, Kiehl 2005, S. 217.; Vgl. Rosenstil, Lutz von: Motivation im Betrieb, 11. Aufl., Leonberg 2010, S. 53.; Vgl. Jung, Hans: Personalwirtschaft, 8. Aufl., München 2008, S. 370.

61 Vgl. Jung, Hans: Personalwirtschaft, 8. Aufl., München 2008, S. 370.

reich der Fertigung, stellen die Beschäftigten kaum zufrieden. Vielmehr veranlassen sie die monetären Anreize zur Verrichtung solcherlei Arbeiten.[62] Geld hat dabei für jeden Menschen einen anderen Wert. So kann es etwa dem Erwerb von Gütern dienen. Aber auch Indikator für Ansehen, Einfluss, Sicherheit oder Leistungsvermögen sein.[63]

Ein weiteres extrinsisches Arbeitsmotiv ist in dem Bedürfnis nach Sicherheit zu sehen, welches sich beispielsweise in dem Verlangen nach einer sicheren Arbeitsstelle oder nach der Beständigkeit übertragener Aufgaben und Rechte widerspiegelt. Durch die Befriedigung des Geltungs- oder Prestigemotivs kann eine Beeinflussung des eigenen Status erfolgen. So kann die Person innerhalb der Gesellschaft an Ansehen, Einfluss oder Macht gewinnen. Es werden Jobs mit guten Karriereperspektiven angestrebt, die möglichst viel Anerkennung und zudem eine überdurchschnittliche Entlohnung versprechen.[64]

2.1.5 Intrinsische Motivation

Intrinsisch Motivierte Menschen erleben ihre Tätigkeit selbst, d.h. den Weg zu ihrem Ziel, als zufriedenstellendes, Freude bringendes Ereignis. Das Ziel was es zu erreichen gilt, wird nicht als vordergründig betrachtet. So geht es einem auf Provisionsbasis arbeitendem Außendienstmitarbeiter nicht ausschließlich um sein Geld, vielmehr stellen ihn gelungene Kun-

---

62 Vgl. Comelli, Gerhard/von Rosenstiel, Lutz: Führung durch Motivation, 4. Auflage, München 2009, S. 11.; Vgl. Rosenstil, Lutz von: Motivation im Betrieb, 11. Aufl., Leonberg 2010, S. 53.

63 Vgl. Jung, Hans: Personalwirtschaft, 8. Aufl., München 2008, S. 370, 372.; Vgl. Olfert, Klaus (Hrsg.): Personalwirtschaft, 11., überarbeitete und aktualisierte Auflage, Kiehl 2005, S. 217.; Vgl. Comelli, Gerhard/von Rosenstiel, Lutz: Führung durch Motivation, 4. Auflage, München 2009, S. 12.; Vgl. Rosenstil, Lutz von: Motivation im Betrieb, 11. Aufl., Leonberg 2010, S. 53f.

64 Vgl. Jung, Hans: Personalwirtschaft, 8. Aufl., München 2008, S. 370, 373; Vgl. Olfert, Klaus (Hrsg.): Personalwirtschaft, 11., überarbeitete und aktualisierte Auflage, Kiehl 2005, S. 217.; Vgl. Comelli, Gerhard/von Rosenstiel, Lutz: Führung durch Motivation, 4. Auflage, München 2009, S. 12.; Vgl. Rosenstil, Lutz von: Motivation im Betrieb, 11. Aufl., Leonberg 2010, S. 53f.

dengespräche und erfolgreiche Vertragsabschlüsse zufrieden.[65] So sind intrinsische Arbeitsmotive durch den Wunsch nach möglichst zahlreichen interessanten beruflichen Kontakten in Form von Teambesprechungen oder den bereits erwähnten Kundengesprächen gekennzeichnet.[66] Dieses sogenannte Geselligkeitsmotiv umfasst das grundlegende Bedürfnis nach sozialen Kontakten und der Zugehörigkeit zu einer Gruppe. Davon wird sich Schutz, Anerkennung oder auch Geselligkeit versprochen. Betriebliche Freizeitangebote und Veranstaltungen des Unternehmens, wie Sportvereine oder Feierlichkeiten, können neben der beruflichen Zusammenarbeit mit anderen Menschen, dem Motiv gerecht werden.[67]

Für viele Arbeitnehmer ist der Beruf ein interessantes und reizvolles Betätigungsfeld, durch welches es ermöglicht wird, sich auszuleben, um so überschüssige Energie abzuführen. So umfasst das Kompetenzmotiv den Wunsch nach Selbstverwirklichung sowie einer abwechslungsreichen und verantwortungsvollen Tätigkeit. Zum Leistungsmotiv gehört das Bestreben, eigens formulierte Leistungsziele zu erreichen.[68] Je höher die innere Leistungsmotivation bei einem Menschen ausfällt, desto engagierter und angestrengter wird einer Arbeitsaufgabe nachgegangen. Die erzielte Bezahlung dient dabei nur dem Leistungsvergleich zu anderen Arbeitnehmern. Hingegen wirken anspruchsvolle Aufgabenstellungen motivierend.[69]

---

65 Vgl. Comelli, Gerhard/von Rosenstiel, Lutz: Führung durch Motivation, 4. Auflage, München 2009, S. 11.; Vgl. Rosenstil, Lutz von: Motivation im Betrieb, 11. Aufl., Leonberg 2010, S. 12, 53f.; Vgl. Rheinberg, Falko: Intrinsische Motivation und Flow-Erleben, in: Heckhausen, Jutta/ Heckhausen, Heinz (Hrsg.): Motivation und Handeln, 3. Aufl., Heidelberg 2006, S. 333.

66 Vgl. Olfert, Klaus (Hrsg.): Personalwirtschaft, 11., überarbeitete und aktualisierte Auflage, Kiehl 2005, S. 217 in Verbindung mit vgl. Comelli, Gerhard/von Rosenstiel, Lutz: Führung durch Motivation, 4. Auflage, München 2009, S. 12.

67 Vgl. Jung, Hans: Personalwirtschaft, 8. Aufl., München 2008, S. 372.

68 Vgl. Olfert, Klaus (Hrsg.): Personalwirtschaft, 11., überarbeitete und aktualisierte Auflage, Kiehl 2005, S. 217 in Verbindung mit vgl. Comelli, Gerhard/von Rosenstiel, Lutz: Führung durch Motivation, 4. Auflage, München 2009, S. 12.; Vgl. Jung, Hans: Personalwirtschaft, 8. Aufl., München 2008, S. 371.

69 Vgl. Jung, Hans: Personalwirtschaft, 8. Aufl., München 2008, S. 371.

2.2 Die zunehmende Bedeutung der Mitarbeitermotivation

Der Fortschritt auf den Gebieten der Forschung und Technik hat dazu geführt, dass immer mehr Aufgaben, die in einem Betrieb anfallen, von Maschinen übernommen werden. Hinzu kommt ein enormer Wissenszuwachs, der von einer einzelnen Person kaum erfasst werden kann. Somit wird die Zusammenarbeit vielfältig spezialisierter Menschen notwendig.[70]
Eine Weitergabe des Wissens, etwa in Form von Meister und Gesellen, ist durch dessen hohe Dichte nicht mehr möglich. Somit übernehmen Führungskräfte die Verantwortung für die Koordination von mehreren Fachkräften. Diese sind ihren Vorgesetzten meist durch umfassende Kenntnisse auf ihren jeweiligen Fachgebieten überlegen.[71] Das führt zu einem zunehmenden Selbstbewusstsein der Mitarbeiter. In Kombination mit der immer größer werdenden Kluft zwischen zu besetzenden Stellen und qualifizierten Arbeitskräften[72], können diese ihren Arbeitsplatz selbst auswählen. Motivierende Anreize von außen reichen da allein nicht mehr aus.[73] Somit gewinnt die Förderung der intrinsischen Motivation, beispielsweise durch Möglichkeiten der Beförderung, der Mitbestimmung oder zur Verbesse-

70 Vgl. Comelli, Gerhard/von Rosenstiel, Lutz nach Rosenstiel/Stengel (1987): Führung durch Motivation, 4. Auflage, München 2009, S. 4.

71 Vgl. Comelli, Gerhard/von Rosenstiel, Lutz: Führung durch Motivation, 4. Auflage, München 2009, S. 4.

72 Ein wesentlicher Grund für die Problematik des Fachkräftemangels ist bedingt durch den demografischen Wandel. Durch die Geburtenrückgänge kommt es zum stetigen Anstieg des Altersdurchschnitts in Deutschland. Folglich fehlen Nachwuchskräfte auf dem Ausbildungsmarkt. Laut einer Vorhersage der Prognos AG werden 2030 allein im Berliner Raum um die 460.000 Arbeitsstellen nicht besetzt werden können. (Vgl. Frey, Constance: Fachkräftemangel, Zeitbombe demografischer Wandel, in: http://www.tagesspiegel.de/wirtschaft/berliner-wirtschaft/zeitbombe-demografischer-wandel/1781704.html, März 2010. (Stand: 23.08.2011))

73 Vgl. Kwasnik, Gerhard: Kostenmanagement Plus - ohne den Faktor Personal lässt sich nicht wirtschaften, in: http://www.presseartikel.org/gerhard-kwasnik-kostenmanagement-plus-ohne-den-faktor-personal-laesst-sich-nicht-wirtschaften-35726/, März 2011. (Stand: 23.08.2011)

rung des Arbeitsumfeldes sowie des Betriebsklimas, zunehmend an Bedeutung.[74]

Der entscheidende Wandel zwischen den Ansichten zur Gewichtung der extrinsischen und intrinsischen Motivation setzte zu Beginn der 60er Jahre ein. Vor dieser Zeit schenkte man dem Motivationsgedanken keine wesentliche Beachtung. Die Menschen hatten lediglich zu funktionieren. Als Instrument diente damals ausschließlich der geldliche Aspekt. Schließlich erkannte man, dass der Mensch neben diesem, nach sozialen Bedürfnissen, wie dem Kontakt mit anderen Personen und der Anerkennung durch seine Mitmenschen im Arbeitsleben strebt. Ebenso besteht der Wunsch nach einem größeren Handlungsspielraum, wobei Eigenverantwortlichkeit und die Entfaltung eigener Ziele und Vorstellungen mehr und mehr in den Vordergrund rückten.

Das Hauptaugenmerk der Führungskräfte liegt nicht mehr nur auf aufgabenbezogenen Tätigkeiten wie dem Organisieren, Kontrollieren und Beurteilen von Arbeitsabläufen sowie dem Fällen sämtlicher Entscheidungen, sondern die Motivziele der Beschäftigten haben oberste Priorität. Es gilt diese zu ermitteln und durch die Auswahl geeigneter Maßnahmen eine Befriedigung zu ermöglichen. Hierbei liegt die Herausforderung darin, das Arbeitshandeln der Mitarbeiter dahingehend zu lenken, dass sowohl unternehmerische als auch individuelle Ziele erfüllt werden. Erschwert wird diese Anforderung gerade bei Arbeitsstellen, die durch Monotonie, einem straffen Zeitplan oder auch durch den Erhalt des Arbeitsplatzes betreffende Zukunftsängste gekennzeichnet sind.

Der Motivation kommt in Zeiten enormer Leistungsansprüche und der Forderung nach hoher Flexibilität eine immer größer werdende Bedeutung zu.[75]

Laut der aktuellen Engagement-Studie des Beratungsunternehmens Gallup besteht noch immer ein enormer Nachholbedarf in puncto Mitarbeitermotivation und der damit verbundenen Auseinandersetzung mit den Bedürfnissen sowie den Vor-

74 Vgl. Comelli, Gerhard/von Rosenstiel, Lutz: Führung durch Motivation, 4. Auflage, München 2009, S. 4.

75 Vgl. Kühlmann, Torsten M.: Mitarbeiterführung in internationalen Unternehmen, Stuttgart 2008, S. 56f.

stellungen der Angestellten. Befragt wurden rund 2000 volljährige Personen, die sich in einem Beschäftigungsverhältnis befinden. Lediglich 13 von 100 der Interviewten gaben an, sich mit ihrem Unternehmen zu identifizieren und dass ihr Engagement voll und ganz der Erfüllung betrieblicher Zielsetzungen diene. Ganze 66 Prozent hingegen erfüllen lediglich die notwendigen Arbeitsaufgaben. Von Einsatzbereitschaft kann nicht die Rede sein. 21 von 100 Arbeitnehmern sind sogar komplett unmotiviert. Sie haben keinen Bezug zu ihrem Arbeitsplatz, Energie- und Leistungsaufwand tendieren gegen Null.
Seit 2001 stagnieren diese Zahlen nahezu und die Folgen der fehlenden emotionalen Bindung zum Unternehmen verursachen Kosten in Milliardenhöhe.[76]
Konkret belaufen sich die volkswirtschaftlichen Defizite auf bis zu 125,7 Milliarden Euro. Diese entstehen scheinbar durch ungenügende Führungsqualitäten der Vorgesetzten. So wurden als Gründe für Unzufriedenheit hauptsächlich folgende Punkte ermittelt. Die Führungskräfte schenken den Beschäftigten kaum Beachtung, Mitarbeiterinteressen finden keine Berücksichtigung und Meinungen sowie Ideenvorschläge werden ignoriert.
Diese Missstände machen den Unternehmen in Form höherer Dienstausfälle und einer gesteigerten Fluktuationsbereitschaft ihrer Angestellten zu schaffen. Kosten fallen hierbei beispielsweise durch Wissens- und Erfahrungseinbußen der Arbeitnehmer, die das Unternehmen verlassen und den daraus notwendig werdenden Einstellungsverfahren, an. Weiterhin sind finanzielle Auswirkungen, ausgelöst durch Eingliederung neuer Mitarbeiter, nicht zu unterschätzen.[77]

Nachgewiesenermaßen besitzen zufriedene Mitarbeiter, die sich mit ihrem Unternehmen identifizieren, einen immensen Einfallsreichtum und weisen eine höhere Leistungsbereitschaft als ihre demotivierten Kollegen auf.[78]

---

76 Vgl. Nink, Marco: Engagement Index Deutschland 2010, in: http://eu.gallup.com/Berlin/146030/Praesentation-zum-Gallup-EEI-2010.aspx, Februar 2011. (Stand: 11.07.2011)

77 Vgl. Nink, Marco: Engagement Index Deutschland 2010, in: http://eu.gallup.com/Berlin/146030/Praesentation-zum-Gallup-EEI-2010.aspx, Februar 2011. (Stand: 11.07.2011)

78 Vgl. Heyeckhaus, Marcus: Die Motivation ist tot. Lang lebe die Motivation! Mitarbeitermotivation: Vom Mythos zur Praxis?, in: http:/

Die Untersuchung eines sechs monatigen Zeitraumes hat gezeigt, dass 40,5 Prozent der emotional gebundenen Mitarbeiter eine höhere Zahl an Inspirationen und innovativen Ideen, beispielsweise zur Verbesserung von Arbeitsvorgängen, entwickelt haben.
Es gilt demnach für mehr Zufriedenheit zu sorgen, um eine Steigerung des Engagements zu erreichen. In diesem Sinne sollten Führungskräfte ihre bisherigen Methoden überdenken und gegebenenfalls neu ausrichten, um näher auf die Bedürfnisse und Vorstellungen ihrer Unterstellten eingehen zu können.
Deutlich wird hierbei, dass in Zukunft dem Thema der Mitarbeitermotivation wesentlich mehr Aufmerksamkeit geschenkt werden muss, um die Freude an der Arbeit zu erhöhen und somit gemeinsame Ziele verwirklichen zu können.[79]

2.3 Motivationstheorien

Eine universelle Motivationstheorie wird sich aufgrund der unzähligen Versuche Motivation im theoretischen Sinne greifbar zu machen, nicht finden lassen.[80]
Eines haben die theoretischen Ansätze allerdings gemein, sie basieren alle auf der Annahme, dass einer menschlichen Handlung stets eine Motiviertheit voran geht. So versucht der Handelnde aus eigenem Antrieb ein entstandenes Bedürfnis zu befriedigen bzw. ein von ihm gestecktes Ziel zu erreichen.[81]
Die Wissenschaft versucht mit Hilfe der Modelle das Agieren von Menschen und deren motivierte Verhaltensweisen begreif-

---

/www.openpr.de/news/523767/Die-Motivation-ist-tot-Lang-lebe-die-Motivation-Mitarbeitermotivation-Vom-Mythos-zur-Praxis.html, März 2011. (Stand: 09.07.2011)

79 Vgl. Nink, Marco: Engagement Index Deutschland 2010, in: http://eu.gallup.com/Berlin/146030/Praesentation-zum-Gallup-EEI-2010.aspx, Februar 2011. (Stand: 11.07.2011)

80 Vgl. Böhne, Alexander: Generierung von Identifikations- und Motivationspotentialen älterer Arbeitnehmer im Kontext eines professionellen Human Resource Management, 1. Auflage, München/Mehring 2008, S. 144.; Vgl. Jung, Hans: Personalwirtschaft, 8. Aufl., München 2008, S. 381.

81 Vgl. Kühlmann, Torsten M.: Mitarbeiterführung in internationalen Unternehmen, 1. Auflage, Stuttgart 2008, S. 57.

lich zu machen sowie durch gewonnene Erkenntnisse, Maßnahmen zur Motivationsförderung und Aufrechterhaltung für die Umsetzung im Arbeitsgeschehen zu finden.[82]
Dazu ist es vorerst notwendig, sich Basiswissen über die Handlungsstruktur eines Menschen anzueignen. Folglich steht das einzelne Individuum im Mittelpunkt aller Modellüberlegungen. Es muss hinterfragt werden, warum ein Mensch in gewissen Situationen auf die eine oder andere Art und Weise reagiert und dementsprechend agiert und ob auch zukünftig eine ähnliche Handlungsweise des Individuums angenommen werden kann. Diese wichtigen Erkenntnisse sind für Führungskräfte von enormer Bedeutung. Die richtige Einschätzung eines Mitarbeiters verhilft zu verbesserten Steuerungsmaßnahmen des Arbeitshandelns des einzelnen Beschäftigten. Das Verständnis über Handlungsweisen jedes Einzelnen ist die zwingende Voraussetzung, um Aufschlüsse über das Verhalten der Individuen untereinander zu erhalten.[83]
Die Motivation als wesentlicher Bestandteil aller theoretischen Ansätze hat eine enorme Auswirkung auf das Arbeitshandeln von Menschen. Sie ist je nach Ausprägungsgrad und unter Beachtung der aktuellen Umstände, Auslöser für die Wahl einer Handlungsalternative. Dabei untersuchen die verschiedenen Motivationstheorien die Bedeutung der einzelnen Antriebe.
Ein weiterer elementarer Aspekt ist das Bemühen, menschliche Bedürfnisse zu erfüllen und somit Defizite zu beseitigen, um schließlich die Orientierung, den Einfluss und den Zeitraum menschlichen Handelns in Relation zu den Motiven verdeutlichen zu können.[84]
Die Unterscheidung in Inhalts- und Prozesstheorien ist die gebräuchlichste Form, um die zahlreichen Motivationstheorien einzugruppieren.[85] [86]

---

82 Vgl. Kals, Elisabeth/Gallenmüller-Roschmann, Jutta: Arbeits- und Organisationspsychologie, 2. Aufl., Basel/Weinheim 2011, S. 184.

83 Vgl. Schneider, Hans J./Klaus, Hans (Hrsg.): Mensch und Arbeit, 11. Auflage, Düsseldorf 2008, S. 177f.

84 Vgl. Schneider, Hans J./Klaus, Hans (Hrsg.): Mensch und Arbeit, 11. Auflage, Düsseldorf 2008, S. 177f.

85 Vgl. z.B. Ridder, Hans-Gerd: Personalwirtschaftslehre, 3. Auflage, Stuttgart 2009, S. 42., Vgl. Kühlmann, Torsten M.: Mitarbeiterführung in internationalen Unternehmen, 1. Auflage, Stuttgart 2008,

Im Folgenden soll auf vier der bedeutendsten und prägendsten Ansätze der menschlichen Motivation eingegangen werden.

2.3.1 Inhaltstheorien der Motivation

Die Inhaltstheorien bilden eine der zwei großen Gruppen, in die sich die zahlreichen Motivationstheorien eingliedern lassen. Sie befassen sich mit arbeitsmotivierenden Aspekten, insbesondere mit den Bedürfnissen des Personals und dem Gegenstand deren Arbeit.[87]

Weiterhin erfolgt die eingehende Beschäftigung mit Motivinhalten, welche das Verhalten von Individuen verständlich machen. Diese Motive sorgen für eine zielgerichtete und motivierte Arbeitseinstellung sowie -ausführung.[88]

Die Theorien setzen auf sichtbare Verhaltensweisen, die Aufschluss über die Bedürfnisse eines Menschen geben. Diese sind jeder Person von Geburt an gegeben sowie durch Lernprozesse entstanden.[89] Dieses Grundverständnis über die zahlreichen menschlichen Bedürfnisse liefert wichtige Erkenntnisse zur Motivation.[90]

S. 68., Vgl. Olfert, Klaus (Hrsg.): Personalwirtschaft, 11., überarbeitete und aktualisierte Auflage, Kiehl 2005, S. 32.

86 Ein Überblick zu weiteren Einteilungsmöglichkeiten der Motivationstheorien ist zu finden in: Böhne, Alexander: Generierung von Identifikations- und Motivationspotentialen älterer Arbeitnehmer im Kontext eines professionellen Human Resource Management, 1. Auflage, München/Mehring 2008, S. 148. Siehe auch: Comelli, Gerhard/von Rosenstiel, Lutz: Führung durch Motivation, 4. Auflage, München 2009, S. 18 Abb. 1.9.

87 Vgl. Kals, Elisabeth/Gallenmüller-Roschmann, Jutta: Arbeits- und Organisationspsychologie, 2. Aufl., Basel/Weinheim 2011, S. 179.

88 Vgl. Olfert, Klaus (Hrsg.): Personalwirtschaft, 11., überarbeitete und aktualisierte Auflage, Kiehl 2005, S. 32., Vgl. Stock-Homburg, Ruth: Personalmanagement, 2. Auflage, Wiesbaden 2010, S. 70.

89 Vgl. Schütz, Julia: Pädagogische Berufsarbeit und Zufriedenheit, Bielefeld 2009, S. 44.; Vgl. Rosenstiel, Lutz von/Regnet, Erika/Domsch, Michel (Hrsg.): Führung von Mitarbeitern, 5. Aufl., Stuttgart 2003, S. 200.

90 Vgl. Schneider, Hans J./Klaus, Hans (Hrsg.): Mensch und Arbeit, 11. Auflage, Düsseldorf 2008, S. 184.

Daher stehen die Bedürfnisse eines Menschen an vorderster Stelle. So sollen Defizite erkannt und beseitigt werden.
Ansätze dieser Theoriegruppe können Möglichkeiten für Unternehmen aufzeigen, wie Mitarbeiter zu engagierterer Arbeit und somit zu höher Leistung angespornt werden können, um den Unternehmenserfolg positiv voran zu treiben.[91]
Zwei der populärsten und weltweit erforschten Inhaltstheorien, sollen im Folgenden näher betrachtet werden.[92] [93]

2.3.1.1 Das hierarchische Motivationsmodell von Maslow

Das hierarchische Motivationsmodell wurde 1954 von dem renommierten Psychologen Abraham Maslow[94] veröffentlicht. Sein Modell trug dazu bei, dass der Mensch im Arbeitsprozess näher in den Mittelpunkt rückte. So sollten die Arbeiter vielfältigere und verantwortungsvollere Tätigkeiten erhalten. Diese Neuerungen verhalfen zu einer verbesserten Arbeitsmoral sowie einem Lerneffekt, was sich wiederum positiv auf die Unternehmensentwicklung auswirkte.[95]

---

91 Vgl. Kühlmann, Torsten M.: Mitarbeiterführung in internationalen Unternehmen, Stuttgart 2008, S. 68 in Verbindung mit vgl. Stock-Homburg, Ruth: Personalmanagement, 2. Auflage, Wiesbaden 2010, S. 70.

92 Vgl. Ridder, Hans-Gerd: Personalwirtschaftslehre, 3. Auflage, Stuttgart 2009, S. 42.; Vgl. Kühlmann, Torsten M.: Mitarbeiterführung in internationalen Unternehmen, 1. Auflage, Stuttgart 2008, S. 68.

93 Einen kurzen Überblick zu weiteren bedeutenden Inhaltstheorien mit ihren jeweils wichtigsten Merkmalen findet sich in: Semmer, Norbert K./Udris, Ivars: Bedeutung und Wirkung von Arbeit, in: Schuler, Heinz: (Hrsg.): Organisationspsychologie, 4. Aufl., Bern 2007, S. 163f.

94 (1908-1970), Abraham Maslow absolvierte ein Studium der Psychologie an der Universität von Wisconsin, USA. Im Laufe seiner Zeit arbeitete er mit zahlreichen namenhaften Psychologen, wie beispielsweise Edward Lee Thorndike, zusammen. (Vgl. Kirchler, Erich: Arbeits- und Organisationspsychologie, 2. Auflage, Wien 2008, S. 99.)

95 Vgl. Kirchler, Erich: Arbeits- und Organisationspsychologie, 2. Auflage, Wien 2008, S. 98-99.

Somit gilt das weltweit angesehene Modell Maslows als Grundlage für die Motivationsproblematik in Unternehmen.[96]
Folgende Abbildung verdeutlicht die anschließenden Ausführungen.

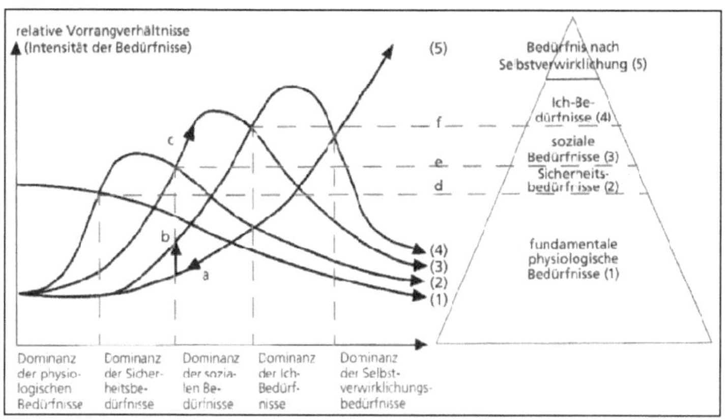

Abb. 1: Relative Vorrangverhältnisse menschlicher Bedürfnisse[97]

Maslows Motivationstheorie ist oft auch unter der Bezeichnung „Bedürfnispyramide" zu finden. Wie der Name schon verrät, werden menschliche Bedürfnisse nach Dringlichkeit in Pyramidenform angeordnet, aufgezeigt.[98]
Es werden fünf Bedürfnisklassen unterschieden, wobei die ersten vier den Defizitmotiven und die oberste Klasse den Wachstumsmotiven zugeordnet werden.
Die unterste Ebene der Pyramide zeigt die physiologischen Motive, welche durch die Erfüllung grundlegender Bedürfnisse, wie die Aufnahme von Nahrung, Schlaf oder Aktivität sowie

96 Vgl. Olfert, Klaus (Hrsg.): Personalwirtschaft, 11., überarbeitete und aktualisierte Auflage, Kiehl 2005, S. 34., Vgl. Hanks, Kurt: Die Kunst der Motivation, Wien 1992, S. 88.

97 Quelle: Wunderer, Rolf: Führung und Zusammenarbeit, 7., überarbeitete Aufl., Köln 2007, S. 113.

98 Vgl. Kirchler, Erich: Arbeits- und Organisationspsychologie, 2. Auflage, Wien 2008, S. 98-99.

Sexualität, befriedigt werden.[99] Als durch den Betrieb gegebener Ansporn könnte eine Kantine, rückenschonende Büromöbel oder eine Klimaanlage dienen.[100]

Darauf aufbauend befinden sich die Sicherheitsbedürfnisse. Diese Gruppe umfasst das Verlangen nach Sicherheit, Schutz, Stabilität, Angstfreiheit und Ordnung.[101] Anreize durch die Firma werden gesetzt in Form von unbefristeten Arbeitsverträgen, Absicherung im Falle von Krankheit oder durch Pensionszahlungen.[102]

Die dritte Stufe der Pyramide bilden die sozialen Bedürfnisse. Hierunter versteht man den Kontakt zu seinen Mitmenschen, d.h. den Wunsch nach Liebe oder Freundschaft, Geborgenheit und Zusammengehörigkeit.[103] Um die Motivation der Mitarbeiter aufrecht zu erhalten oder diese sogar zu steigern, können Unternehmen Gruppenräume zur Verfügung stellen, Betriebsausflüge für ihre Mitarbeiter organisieren oder gemeinsame sportliche Betätigung anbieten.[104]

Die vierte und somit letzte Stufe der Defizitmotivgruppe bilden die Anerkennungsbedürfnisse. Hierunter fällt der Wunsch nach Ansehen durch die Außenwelt sowie die Zufriedenheit über eigene Leistungen.[105] Anreize für diese Gruppe können die Wertschätzung durch den Vorgesetzten, Kollegen und Kunden innerhalb und außerhalb des Betriebes sein. Aber auch die Vergabe eines Ehrentitels oder die Bereitstellung eines Firmenwa-

---

99 Vgl. Kühlmann, Torsten M.: Mitarbeiterführung in internationalen Unternehmen, Stuttgart 2008, S. 69-70.

100 Vgl. Comelli, Gerhard/von Rosenstiel, Lutz: Führung durch Motivation, 4. Auflage, München 2009, S. 14.

101 Vgl. Kühlmann, Torsten M.: Mitarbeiterführung in internationalen Unternehmen, Stuttgart 2008, S. 69-70.

102 Vgl. Comelli, Gerhard/von Rosenstiel, Lutz: Führung durch Motivation, 4. Auflage, München 2009, S. 14.

103 Vgl. Kühlmann, Torsten M.: Mitarbeiterführung in internationalen Unternehmen, Stuttgart 2008, S. 69-70.

104 Vgl. Comelli, Gerhard/von Rosenstiel, Lutz: Führung durch Motivation, 4. Auflage, München 2009, S. 14.

105 Vgl. Kühlmann, Torsten M.: Mitarbeiterführung in internationalen Unternehmen, Stuttgart 2008, S. 69-70.

gens, kann sich positiv auf die Stimmung des Mitarbeiters auswirken.[106]
Die vorgestellten Defizitmotive werden durch einen körperlichen bzw. seelischen Mangel hervorgerufen und wollen beseitigt werden. Geschieht dies nicht oder unzureichend, sind physisches und psychisches Gebrechen die Folge.[107]

An der Spitze der Pyramide stehen die Selbstverwirklichungsbedürfnisse, welche den Wachstumsmotiven zugeordnet werden. Diese vielseitige Gruppe zielt auf eine Weiterentwicklung der eigenen Person ab. Ein Ziel wird angestrebt, dass einem persönlich wichtig erscheint und die momentane Tätigkeit übersteigt.[108]
Fördernd kann hierbei die durch den Betrieb eingeräumte Möglichkeit zu eigenständiger Arbeit sein, Ideen einbringen und umsetzen zu dürfen, aber auch Weiterbildungsangebote nutzen zu können.[109]
Hierbei kann kein allgemeingültiges Ziel formuliert werden, da sich jedes Individuum auf eine andere Weise selbstverwirklicht sieht. Das Erlangen neuer Kenntnisse und Fertigkeiten sowie das Finden eines Jobs, welcher dem eigenen Qualifikationsniveau entspricht, seien nur einige Beispiele.
Eine abschließende Befriedigung der Wachstumsmotive kann nicht erfolgen, denn mit jeder Fortentwicklung des Individuums, wird ein neues Motiv geweckt.[110]

---

106 Vgl. Comelli, Gerhard/von Rosenstiel, Lutz: Führung durch Motivation, 4. Auflage, München 2009, S. 14.

107 Vgl. Kühlmann, Torsten M.: Mitarbeiterführung in internationalen Unternehmen, Stuttgart 2008, S. 69-70.

108 Vgl. Kühlmann, Torsten M.: Mitarbeiterführung in internationalen Unternehmen, Stuttgart 2008, S. 69-70, in Verbindung mit vgl. Kempe, Hans-Joachim/Kramer, Rolf: Mitarbeiter-Motivation, Bergisch Gladbach 1993, S. 16.

109 Vgl. Comelli, Gerhard/von Rosenstiel, Lutz: Führung durch Motivation, 4. Auflage, München 2009, S. 14.

110 Vgl. Kühlmann, Torsten M.: Mitarbeiterführung in internationalen Unternehmen, Stuttgart 2008, S. 69-70 in Verbindung mit vgl. Kempe, Hans-Joachim/Kramer, Rolf: Mitarbeiter-Motivation, Bergisch Gladbach 1993, S. 16.

Das gesamte Modell gehorcht einer hierarchischen Abfolge. Sind die physiologischen, d.h. die grundlegenden Bedürfnisse ausreichend und vor allem längerfristig erfüllt, strebt der Mensch nach Befriedigung der zweiten Ebene. Dies setzt sich fort bis zum Erreichen der fünften Hierarchiestufe, den Wachstumsbedürfnissen. Dabei muss auch noch nach Erlangung einer höheren Motivgruppe die niedrigere ausreichend erfüllt sein. Ist dies durch veränderte Rahmenbedingungen nicht mehr der Fall, erfolgt die Konzentration auf Erfüllung rangniedrigerer Motive.[111] Als Beispiel sei hier der drohende bzw. der sich bereits bewahrheitete Arbeitsplatzverlust genannt. So tritt das soziale Bedürfnis nach Kommunikation in den Hintergrund, da das Gefühl von Sicherheit erst wieder ausreichend erfüllt sein muss.
Erst wenn alle Defizitbedürfnisse in ausreichendem Maße erfüllt sind, kann sich ein Mensch der Selbstentfaltung widmen, so lange sind die Wachstumsbedürfnisse nur unterschwellig vorhanden.[112]

Durch den Aufbau des Motivationsmodells von Maslow wird deutlich, dass es für die Führungskräfte eines Unternehmens von herausragender Bedeutung ist, zu wissen, auf welcher Stufe sich ihre Mitarbeiter momentan befinden. Denn es gilt zu klären, welches Gut zur Bedürfnisbefriedigung geeignet ist, um eine motivationssteigernde Wirkung ausüben zu können. So motiviert Geld einen Mitarbeiter in Zeiten von Mangel. Sind jedoch alle Defizite, die einem existenziell bedrohlich werden könnten, beseitigt, reichen monetäre Anreize allein nicht mehr aus, um zufriedenstellend zu motivieren.[113] Nach diesem theo-

---

111 Vgl. Kühlmann, Torsten M.: Mitarbeiterführung in internationalen Unternehmen, Stuttgart 2008, S. 69-70.

112 Vgl. Schneider, Hans J./Klaus, Hans (Hrsg.): Mensch und Arbeit, 11. Auflage, Düsseldorf 2008, S. 187 in Verbindung mit vgl. Schneck, Ottmar: Lexikon der Betriebswirtschaft, 6. Auflage, München 2005, S. 108.

113 Vgl. Kirchler, Erich: Arbeits- und Organisationspsychologie, 2. Auflage, Wien 2008, S. 102.

retischen Ansatz steigt die Arbeitsmotivation mit zunehmender Verwirklichung der Wachstumsbedürfnisse.[114]

Jedoch ist es in der Praxis nicht möglich jedem Mitarbeiter die uneingeschränkte Selbstentfaltung einzurichten. In einem Unternehmen fallen unzählige Aufgaben an, die nicht jeder Beschäftigte als persönlichkeitserweiternd ansieht, zumal jedes Individuum ganz verschiedene Vorstellungen und Ziele besitzt. Auch handelt es sich am Arbeitsplatz nicht um eine One-Man-Show. Ein Unternehmen besteht aus vielen Köpfen die untereinander agieren müssen. Da kann sich nicht jeder ausschließlich der eigenen Selbsterfüllung widmen.[115]
Ein weiterer Kritikpunkt Maslows Modell kann sein, dass aus den Aufzeichnungen nicht klar hervorgeht, warum die Einteilung in genau diese Motivebenen vorgenommen wurde.[116]
Unrealistisch ist auch die Tatsache, dass die Selbstverwirklichung eines Menschen nie mit negativen Wesensveränderungen, wie Eigennützigkeit oder Streitlust, einhergehen kann.[117]
Auch wird situationsbedingten Umständen keinerlei Beachtung geschenkt.[118]
Das durch die fünf Hierarchieebenen beschriebene Vorrangigkeitsprinzip, welches besagt, dass die nächsthöhere Ebene erst nach Befriedigung der niedrigeren Bedürfnisebene erlangt werden kann, wurde durch Untersuchungen, sowie Befragungen widerlegt. Stattdessen ließ die Erfüllung eines Bedürfnisses nicht auf die Stärke der höheren Bedürfnisebene schließen.[119] So

114 Vgl. Kempe, Hans-Joachim/Kramer, Rolf: Mitarbeiter-Motivation, Bergisch Gladbach 1993, S. 16.

115 Vgl. Kempe, Hans-Joachim/Kramer, Rolf: Mitarbeiter-Motivation, Bergisch Gladbach 1993, S. 16.

116 Vgl. Kühlmann, Torsten M.: Mitarbeiterführung in internationalen Unternehmen, Stuttgart 2008, S. 70.; Vgl. Weinert, Ansfried B.: Organisations- und Personalpsychologie, 5. Aufl., Weinheim/Basel 2004, S. 191.

117 Vgl. Kühlmann, Torsten M.: Mitarbeiterführung in internationalen Unternehmen, Stuttgart 2008, S. 71.

118 Vgl. Holtbrügge, Dirk: Personalmanagement, 3. Aufl., Berlin/Heidelberg 2007, S. 18.

119 Vgl. Kühlmann, Torsten M.: Mitarbeiterführung in internationalen Unternehmen, Stuttgart 2008, S. 70-71.; Vgl. Weinert, Ansfried B.:

empfinden wir gerade in Notzeiten den Kontakt zu unseren Mitmenschen als angenehm und wichtig und nicht ausschließlich, wenn wir unseren Hunger und unser Bedürfnis nach Sicherheit gestillt haben.[120] In manchen Ländern, wie etwa Japan, hat das Wohlergehen des Kollektivs höchste Priorität. Dort stehen die sozialen Bedürfnisse über den Ich-Bedürfnissen.[121]
Auch sind Beruf und Position im Betrieb nicht entscheidend für die Bedeutsamkeit von Motivebenen. Führungspersönlichkeiten und einfache Arbeiter, mit weniger anspruchsvollen Tätigkeiten, legen gleich viel Wert auf die Erfüllung ihrer Grundbedürfnisse.[122]
Kritikwürdig ist zudem der Aspekt, dass Bedürfnisse, welche bisher nicht befriedigt wurden, stets eine motivierende Wirkung ausüben.[123]

Zahlreiche Autoren haben sich Maslows Theorie angenommen und sich bemüht, diese durch eigene Ideen zu verbessern.[124] [125]

Organisations- und Personalpsychologie, 5. Aufl., Weinheim/Basel 2004, S. 191.

120 Vgl. Comelli, Gerhard/von Rosenstiel, Lutz: Führung durch Motivation, 4. Auflage, München 2009, S. 13.

121 Vgl. Wunderer, Rolf: Führung und Zusammenarbeit, 7. Auflage, Köln 2007, S. 116.

122 Vgl. Kühlmann, Torsten M.: Mitarbeiterführung in internationalen Unternehmen, Stuttgart 2008, S. 71.

123 Vgl. Weinert, Ansfried B.: Organisations- und Personalpsychologie, 5. Aufl., Weinheim/Basel 2004, S.191.

124 Ein Beispiel solch einer Bemühung der Autoren Richards & Greenlaw findet sich in: Vgl. Kühlmann, Torsten M.: Mitarbeiterführung in internationalen Unternehmen, Stuttgart 2008, S. 72.

125 Vgl. Kühlmann, Torsten M.: Mitarbeiterführung in internationalen Unternehmen, Stuttgart 2008, S. 72.

2.3.1.2 Herzbergs Zwei-Faktoren-Theorie

Frederick Herzbergs[126] Zwei-Faktoren-Theorie ist neben Maslows hierarchischem Motivationsmodell die wohl berühmteste und praxisrelevanteste Theorie zur Mitarbeitermotivation.[127] Das 1968 entwickelte Modell beruht auf der sogenannten Pittsburgh-Studie.[128] Diese umfasst die Befragung von 230 Ingenieuren zu positiven und negativen Aspekten ihrer Arbeit.[129] Herzberg kam zu der Erkenntnis, dass zwei verschiedene Faktoren Einfluss auf die Arbeitsmotivation nehmen. Zum einen existieren die Hygienefaktoren, auch „Dissatisfiers" oder extrinsische Faktoren genannt und zum anderen die eigentlichen Motivatoren, welche auch als „Satisfiers" oder intrinsische Faktoren bezeichnet werden.

Das Vorhandensein von Hygienefaktoren sorgt im besten Falle für die Beseitigung von Unzufriedenheit.[130] Unbehagen am Arbeitsplatz soll u.a. vermieden werden durch eine Entlohnung, die Teilhabe bei Erfolg, soziale Beziehungen innerhalb der Firma, den Führungsstil des Vorgesetzten, ein sicheres Arbeitsverhältnis, die Unternehmensphilosophie, die Organisations-

126 (1923-2000), Frederick Herzberg arbeitete anfänglich als Klinischer Psychologe und schlug später eine wissenschaftliche Karriere ein. Durch sein enormes Interesse und die intensive Beschäftigung mit dem Thema Motivation, erlang er bedeutende Erkenntnisse zur Frage wie Menschen am Arbeitsplatz anzuspornen sind. Herzberg veröffentlichte als erster ein gesamtes Buch mit dem Titel „Motivation to Work" und einen der meistgelesen Artikel zu dieser Problematik. (Vgl. o.V. Die bedeutendsten Management-Vordenker, Band 3, Frankfurt/Main 2005, S. 81-82.)

127 Vgl. Schneider, Hans J./Klaus, Hans (Hrsg.): Mensch und Arbeit, 11. Auflage, Düsseldorf 2008, S. 188 in Verbindung mit vgl. Olfert, Klaus (Hrsg.): Personalwirtschaft, 11., überarbeitete und aktualisierte Auflage, Kiehl 2005, S. 35.

128 Vgl. Lexikon der Betriebswirtschaft, hrsg. von Ottmar Schneck, 6. Aufl., München 2005, S. 1130.

129 Vgl. Wunderer, Rolf: Führung und Zusammenarbeit, 7. Auflage, Köln 2007, S. 114.

130 Vgl. Lexikon der Betriebswirtschaft, hrsg. von Ottmar Schneck, 6. Aufl., München 2005, S. 1130 in Verbindung mit vgl. Holtbrügge, Dirk: Personalmanagement, 3. Aufl., Berlin/Heidelberg 2007, S. 18.

struktur, sowie durch Arbeitsmittel, die Gestaltung des Arbeitsplatzes oder den Tätigkeitsumfang.[131]
Der schlechteste Zustand wird hierbei mit dem Wort Unzufriedenheit und der Beste mit dem Begriff Nicht-Unzufriedenheit, bezeichnet.[132] Bei genauerer Betrachtung der Faktorenbezeichnung wird deutlich, dass Herzberg den Begriff Hygiene als Ausdruck des Vorbeugens von Krankheiten, d.h. Unzufriedenheitszuständen, verwendet. Jedoch beschleunigt das Vermeiden einer Erkrankung noch keine Heilung.[133]
Diese erste Faktorenkategorie umfasst grundlegende Anforderungen an einen Arbeitsplatz, die jedes Unternehmen bereitstellen sollte.[134] Es ist kein konkreter Zusammenhang mit der Arbeitsaufgabe gegeben, vielmehr handelt es sich um Rahmenbedingungen der Arbeit.[135]
Erst die Motivatoren, wie Verantwortlichkeit oder Aufstiegschancen, vermögen es, einen Zustand von Zufriedenheit herzustellen und die Beschäftigten zu motivieren.[136] Weiterhin schaffen Faktoren wie die Wertschätzung der Arbeitsleistung, vielfältige und anspruchsvollere Tätigkeiten, ein Lerneffekt und Weiterbildungsangebote sowie das Bewältigen eines Auftrages, Arbeitszufriedenheit.[137] Es kann ein direkter Zusammenhang mit der Arbeitsaufgabe verzeichnet werden.
Sind Hygienefaktoren jedoch nicht in ausreichendem Maße vorhanden, können auch Motivatoren dieses Fehlen nicht vollkommen ausgleichen.[138] So ist es den Motivatoren nicht mög-

---

131 Vgl. Kühlmann, Torsten M.: Mitarbeiterführung in internationalen Unternehmen, Stuttgart 2008, S. 79.

132 Vgl. Kempe, Hans-Joachim/Kramer, Rolf: Mitarbeiter-Motivation, Bergisch Gladbach 1993, S. 17.

133 Vgl. Kühlmann, Torsten M.: Mitarbeiterführung in internationalen Unternehmen, Stuttgart 2008, S. 79.

134 Vgl. Schneider, Hans J./Klaus, Hans (Hrsg.): Mensch und Arbeit, 11. Auflage, Düsseldorf 2008, S. 190.

135 Vgl. Olfert, Klaus (Hrsg.): Personalwirtschaft, 11., überarbeitete und aktualisierte Auflage, Kiehl 2005, S. 34.

136 Vgl. Schneider, Hans J./Klaus, Hans (Hrsg.): Mensch und Arbeit, 11. Auflage, Düsseldorf 2008, S. 190.

137 Vgl. Kühlmann, Torsten M.: Mitarbeiterführung in internationalen Unternehmen, Stuttgart 2008, S. 79.

138 Vgl. Olfert, Klaus (Hrsg.): Personalwirtschaft, 11., überarbeitete und aktualisierte Auflage, Kiehl 2005, S. 34.

lich, die Leistungsfähigkeit der Beschäftigten zu verbessern. Die Hygienefaktoren bilden ausschließlich eine Grundlage für eine mögliche Leistungssteigerung durch Motivatoren.[139]

So ist der beste Fall der Zustand der Zufriedenheit und der schlecht möglichste Fall wird mit dem Term Nicht-Zufriedenheit beschrieben.[140]
Laut Herzberg macht es ebenfalls keinen Sinn, einen Hygienefaktor durch einen anderen auszutauschen. Beispielsweise soll es nicht das Ziel sein, sich zwischen der Höhe der Bezahlung oder einem sicheren Arbeitsverhältnis entscheiden zu müssen. Solch ein Austausch ist auf Dauer keine Alternative.
Es liegt auch nicht im Interesse des Wissenschaftlers, einem Mitarbeiter durch Hygienefaktoren Anerkennung für die geleistete Arbeit zu erweisen. Es würde zu schnell zu einer Selbstverständlichkeit werden und somit den eigentlichen Nutzen des Honorierens verlieren. Wurde beispielsweise der Lohn eines Beschäftigten erhöht, erfolgt eine schnelle Gewöhnung an die aufgestockten finanziellen Mittel.
Langfristige Zufriedenheit kann sich nur einstellen, wenn Mitarbeiter mit neuen Aufgaben, höherer Entscheidungsgewalt sowie mehr Verantwortung betraut werden.[141]
Herzbergs Theorie ist in (wirtschafts-)wissenschaftlichen Kreisen jedoch nicht frei von Kritik.[142]
Das Modell bietet eine Vielzahl an Diskussionspotenzial, daher soll an dieser Stelle nur auf einige wesentliche Punkte eingegangen werden.[143]

---

139 Vgl. Kühlmann, Torsten M.: Mitarbeiterführung in internationalen Unternehmen, Stuttgart 2008, S. 79-80.

140 Vgl. Kempe, Hans-Joachim/Kramer, Rolf: Mitarbeiter-Motivation, Bergisch Gladbach 1993, S. 17.

141 A.a.O. S. 18.

142 Vgl. Schneider, Hans J./Klaus, Hans (Hrsg.): Mensch und Arbeit, 11. Auflage, Düsseldorf 2008, S. 190., Vgl. Olfert, Klaus (Hrsg.): Personalwirtschaft, 11., überarbeitete und aktualisierte Auflage, Kiehl 2005, S. 35.

143 Weiterführende Literatur ist beispielsweise zu finden in: Kühlmann, Torsten M.: Mitarbeiterführung in internationalen Unternehmen, Stuttgart 2008, S. 81-82., Schneider, Hans J./Klaus, Hans (Hrsg.): Mensch und Arbeit, 11. Auflage, Düsseldorf 2008, S. 190-191.

Die Thesen Herzbergs basieren ausschließlich auf den freien, extremen Erzählungen von Probanden. So werden positive Arbeitserlebnisse zum großen Teil der eigenen Leistung zugeschrieben. Hingegen ist die Ursache negativer Erlebnisse im Fremdverschulden zu sehen. Diese Überzeugungen spiegeln sich in den Faktorengruppen wieder. Motivatoren, wie beispielsweise die Beförderung, werden dem eigenen Tun zugeschrieben. Bei den Hygienefaktoren ist von äußeren Auslösern, wie der Firma oder dem Chef, die Rede. Unklar ist, ob die Einteilung in die zwei Faktorengruppen auch bei nebensächlicheren Vorkommnissen machbar wäre.[144]

Zudem wurde nur eine sehr begrenzte Personenzahl befragt, welche zudem alle einem Berufsstand angehörten.[145]

Viel diskutiert wird auch die Bezahlung als Hygienefaktor. Es wurden verschiedene Methoden zur Auseinandersetzung mit der Behauptung, dass das Arbeitsentgelt nur zu einer kurzzeitigen Befriedigung des Beschäftigten führt, herangezogen. Jedoch erzielte man kein einheitliches Ergebnis.[146]

Übergangen wurde auch der Aspekt, dass die Entlohnung mit Begleiterscheinungen wie Wertschätzung der eigenen Person und Anerkennung durch Vorgesetzte bzw. Kollegen einhergeht.[147]

Auf Unverständnis stößt auch das Außerachtlassen von äußeren Umständen, wie beispielsweise das momentane Angebot an Jobs und individuellen Merkmalen, wie der aktuelle Bildungsstand eines Menschen. So wird eine Person bei schlechter Arbeitsmarktlage mehr Wert auf ein langfristig gesichertes Arbeitsverhältnis legen, als auf Lob durch einen Vorgesetzten.[148]

Im genannten Beispiel würde die Anerkennung des Vorgesetzten zur Gruppe der Motivatoren hinzugezählt werden, aber es ist auch eine Einordnung in die Kategorie der Hygienefaktoren, als Führungsmethode, denkbar. Dieser Fall verdeutlicht, dass

---

144 Vgl. Kühlmann, Torsten M.: Mitarbeiterführung in internationalen Unternehmen, Stuttgart 2008, S. 81.

145 Vgl. Jung, Hans: Personalwirtschaft, 8. Aufl., München 2008, S. 392.

146 Vgl. Schneider, Hans J./Klaus, Hans (Hrsg.): Mensch und Arbeit, 11. Auflage, Düsseldorf 2008, S. 190-191.

147 Vgl. Wunderer, Rolf: Führung und Zusammenarbeit, 7. Auflage, Köln 2007, S. 116.

148 Vgl. Schneider, Hans J./Klaus, Hans (Hrsg.): Mensch und Arbeit, 11. Auflage, Düsseldorf 2008, S. 190-191.

eine eindeutige Zuordnung von Faktoren in die entsprechende Gruppe nicht immer möglich ist.[149]

Ein wesentlicher Kritikpunkt wird in dem unterstellten Zusammenhang zwischen Arbeitszufriedenheit und Motivation gesehen. So erhöht sich die Leistungsbereitschaft bei einem Anstieg der Arbeitszufriedenheit. Dabei gilt es jedoch zu beachten, dass der Zustand der Zufriedenheit- bzw. der Unzufriedenheit für jeden Menschen etwas anderes bedeutet, verschiedenartig empfunden sowie durch individuelle Gegebenheiten erlangt wird.[150] Beispielsweise kann das Ausüben gesteigerter Eigenverantwortlichkeit eine Person zufrieden stellen und somit die Motivation erhöhen. Für eine weitere Person jedoch kann es eher Unzufriedenheit bedeuten und eine demotivierende Einstellung hervorrufen.[151]

2.3.1.3 Gegenüberstellung der Inhaltstheorien

Beide Theorien finden starken Anklang in Wissenschaft und Praxis, weil sie für jedermann leicht zugänglich und plausibel dargestellt werden.[152]

Es wird deutlich, dass sowohl bei Maslows als auch bei Herzbergs Ansatz zunächst eine Befriedigung der Defizitbedürfnisse bzw. Hygienefaktoren gegeben sein muss, bevor sich ein Mensch seiner Selbstentfaltung durch Wachstumsbedürfnisse bzw. Motivatoren widmen kann.[153]

Allerdings vermögen laut Herzberg ausschließlich Entfaltungsbedürfnisse einen Menschen zu mehr Leistung anzuspornen. Maslow hingegen ist der Überzeugung, dass jedes Bedürfnis bis

---

149 Vgl. Kühlmann, Torsten M.: Mitarbeiterführung in internationalen Unternehmen, Stuttgart 2008, S. 81.

150 Vgl. Schneider, Hans J./Klaus, Hans (Hrsg.): Mensch und Arbeit, 11. Auflage, Düsseldorf 2008, S. 190-191.

151 Vgl. Jung, Hans: Personalwirtschaft, 8. Aufl., München 2008, S. 392-393.

152 Vgl. Schneider, Hans J./Klaus, Hans (Hrsg.): Mensch und Arbeit, 11. Auflage, Düsseldorf 2008, S. 190.

153 Vgl. Kühlmann, Torsten M.: Mitarbeiterführung in internationalen Unternehmen, Stuttgart 2008, S. 80.

zu seiner Erfüllung motivierende Wirkung auf die Arbeitsleistung haben kann.[154]
Im Vergleich zur Bedürfnispyramide ordnet Herzberg gewisse Faktoren, wie beispielsweise die soziale Interaktion mit Kollegen und dem Vorgesetzten, den Hygienefaktoren zu. Anders als bei Maslows Betrachtung mindern sie allenfalls die Arbeitsunzufriedenheit.[155] Die Befriedigung der Bedürfnisse des Hierarchiemodells erfolgt stufenweise, hingegen werden die Bedürfnisse in Herzbergs Modell parallel verfolgt.[156]

Zusammenfassend lässt sich festhalten, dass Inhaltstheorien nützliche Anhaltspunkte für das Führen einer Belegschaft liefern[157], indem sie ein Grundverständnis zu den zahlreichen menschlichen Bedürfnissen vermitteln.[158] Sie geben Auskunft über die elementarsten Motivatoren und deren Aussagekraft und rufen dazu auf, den Fokus nach ausreichender Befriedigung der Hygienefaktoren (Herzberg) bzw. Defizitbedürfnisse (Maslow) auf die Motivatoren (Herzberg) bzw. Wachstumsbedürfnisse (Maslow) zu richten.[159] Somit kommt der Beschäftigung mit intrinsisch motivierenden Inhalten eine wesentliche Bedeutung zu.[160]
Inhaltsbezogene Theorien liefern zudem Gründe, warum auch optimierte Leistungsangebote des Unternehmens, wie beispielsweise eine verbesserte Unternehmenspolitik, nicht zwangsläufig zu längerfristigen Leistungsanstiegen führen. Vielmehr werden die Betriebe dazu angespornt, ihren Mitarbeitern mittels geeigneter Maßnahmen, etwa durch Fortbildungs-

---

154 Vgl. Kühlmann, Torsten M.: Mitarbeiterführung in internationalen Unternehmen, Stuttgart 2008, S. 77.

155 Vgl. Kempe, Hans-Joachim/Kramer, Rolf: Mitarbeiter-Motivation, Bergisch Gladbach 1993, S. 17.

156 Vgl. Scholz, Christian: Personalmanagement, 5. Aufl., München 2000, S. 890.

157 Vgl. Wunderer, Rolf: Führung und Zusammenarbeit, 7. Auflage, Köln 2007, S. 115.

158 Vgl. Frenzen, Heiko: Teams im Vertrieb, Wiesbaden 2009, S. 43.

159 Vgl. Wunderer, Rolf: Führung und Zusammenarbeit, 7. Auflage, Köln 2007, S. 115.

160 Vgl. Frenzen, Heiko: Teams im Vertrieb, Wiesbaden 2009, S. 43.

angebote, mehr Eigenverantwortung einzuräumen und Raum für autonomes Handeln zu schaffen.
Die wohlwollende Wertschätzung der eigenen Person, sowie der Zuspruch anderer Personen rücken in den Vordergrund.[161]
Extrinsische Motivationsversuche sollten der Vergangenheit angehören. Stattdessen wird dazu angehalten, die gesamte Aufmerksamkeit auf die Beseitigung von demotivierenden Elementen zu legen.[162]
Allerdings ergeben sich je nach Blickwinkel verschiedene kritische Einwände in Bezug auf die inhaltstheoretischen Annahmen. Es wird in einigen Inhaltstheorien, auf die hier nicht näher eingegangen wurde, vermehrt von zwei extremen Menschenbildern[163] ausgegangen, die so aber nicht vorkommen. Zum einen gilt der Mensch als allzeit positiv eingestelltes Wesen, mit Hang zur Begeisterungsfähigkeit sowie Zielstrebigkeit. Dieses ehrgeizige Individuum ist stets um die Erfüllung besonderer, höher Aufgaben bemüht. Zum anderen existiert eine komplett gegensätzliche Vorstellung über das Arbeitsverhalten eines Menschen. Demnach gilt ein Mensch als träge und eigennützig, indem er seine Arbeit nur widerwillig verrichtet, um sein persönliches Ziel zu erlangen. Dieses besteht zumeist im Erhalten einer unverhältnismäßig hohen Entlohnung für den geringstmöglichen Arbeitseinsatz.
Durch diese unrealistischen Ansichten wird vermehrt auf äußere Anreize zur Mitarbeitermotivation gesetzt. Diese versagen in der Regel. Hier wird der intrinsischen Motivationswirkung hingegen nur wenig Beachtung geschenkt.[164]

Die Problematik der extrinsischen versus intrinsischen Motivationswirkung wird schon an der enormen Zahl existierender

161 Vgl. Wunderer, Rolf: Führung und Zusammenarbeit, 7. Auflage, Köln 2007, S. 116f.; Vgl. Frenzen, Heiko: Teams im Vertrieb, Wiesbaden 2009, S. 43.

162 Vgl. Wunderer, Rolf: Führung und Zusammenarbeit, 7. Auflage, Köln 2007, S. 116.

163 Siehe beispielsweise XY-Theorie von McGregor. (Olfert, Klaus (Hrsg.): Personalwirtschaft, 11., überarbeitete und aktualisierte Auflage, Kiehl 2005, S. 33f.)

164 Vgl. Schneider, Hans J./Klaus, Hans (Hrsg.): Mensch und Arbeit, 11. Auflage, Düsseldorf 2008, S. 195-197.

Theorien deutlich. Jeder Ansatz behandelt dieses komplexe Thema auf ganz unterschiedliche Art und Weise.

So entwickelt jedes einzelne Modell ganz verschiedene Vorstellungen zum Thema Verhalten im Arbeitssystem. Dennoch kann nicht eine Theorie dieses hinreichend erklären, da keine Angaben über den konkreten, aus den Bedürfnissen erwachsenen Verhaltensprozess gegeben werden. Speziell zeigen sie keine Möglichkeiten zur Aktivierung und Steuerung des Verhaltens.[165]
Somit wird deutlich, dass die Inhaltstheorien nicht vollkommen sind, die kritischen Einwände haben dies vielfach gezeigt.[166]

2.3.2 Prozesstheorien der Motivation

Die Prozesstheorien der Motivation befassen sich mit dem Motivationsvorgang. Genauer gesagt mit den Teilabläufen der Auswahl, der Entscheidung, der Bewertung und der Handlung selbst. Das Augenmerk liegt hierbei auf dem Entstehungsprozess von Motivation und deren Auswirkung auf unser Verhalten.[167] Dieses Verhalten wird beobachtet, um erklären zu können, wieso gerade jenes zur Verwirklichung eines Zieles führt.[168]
Prozesstheorien setzen sich demnach mit den kognitiven Abläufen dieser Entscheidungsfindung auseinander.[169] Es ist demnach weniger von Bedeutung, was genau einen Menschen motiviert, vielmehr sind die speziellen Tätigkeiten bzw. Ar-

165 Vgl. Weinert, Ansfried B.: Organisations- und Personalpsychologie, 5. Aufl., Weinheim/Basel 2004, S. 203f.

166 Vgl. Wunderer, Rolf: Führung und Zusammenarbeit, 7. Auflage, Köln 2007, S. 116.

167 Vgl. Hungenberg, Harald/Wulf, Torsten: Grundlagen der Unternehmensführung, 3. Aufl., Berlin/Heidelberg 2007, S. 288 in Verbindung mit vgl. Wunderer, Rolf: Führung und Zusammenarbeit, 7. Auflage, Köln 2007, S. 120.

168 Vgl. Schütz, Julia: Pädagogische Berufsarbeit und Zufriedenheit, Bielefeld 2009, S. 44.

169 Vgl. Franken, Swetlana: Verhaltensorientierte Führung, Wiesbaden 2004, S. 102.

beitsaufträge, die zu mehr Leistung verhelfen sollen, von Interesse.[170]
Zweck dieser Erkenntnisse ist das Aktivieren und die Förderung der Arbeitsmotivation und somit die Erhöhung der Produktivität einer Arbeitskraft. Dabei steht der rational denkende Mensch im Mittelpunkt.[171]
Zwei der anerkanntesten Prozesstheorien sollen im Folgenden vorgestellt werden.[172]

2.3.2.1 Die VIE-Theorie von Vroom

Die Valenz-Instrumentalitäts-Erwartungs-Theorie (VIE-Theorie) des Professors Victor H. Vroom[173] stammt aus dem Jahre 1964. Sie basiert auf einem Weg-Ziel-Ansatz.[174] Demnach wählt ein Mensch aus mehreren Handlungsalternativen, diejenige, die ihm geeignet erscheint, ein Höchstmaß an angestrebten Zielen umsetzen zu können. Dabei sind die Konsequenzen, die mit der Entscheidung einhergehen, nicht vorhersehbar. Somit erfolgt vor Auswahl einer Handlungsalternative die Beschäftigung mit dem Nutzen der voraussichtlichen Folgen und mit deren Erfüllungsaussichten. Hieraus lässt sich nach ausreichendem Abwägen, die subjektiv vorteilhafteste Handlungsalternative ermitteln.[175]

---

170 Vgl. Wunderer, Rolf: Führung und Zusammenarbeit, 7. Auflage, Köln 2007, S. 118.

171 Vgl. Franken, Swetlana: Verhaltensorientierte Führung, Wiesbaden 2004, S. 102.

172 Vgl. Franken, Swetlana: Verhaltensorientierte Führung, Wiesbaden 2004, S. 102 in Verbindung mit vgl. Scholz, Christian: Personalmanagement, 5. Aufl., München 2000, S. 891.

173 Der gebürtige Kanadier Victor Harold Vroom ist heute Professor für Management und Psychologie an der Yale Universität. Auf deren Internetseite befinden sich auch nähere Information zu seiner Person. (Vgl. o. V.: Victor H. Vroom, in: http://mba.yale.edu/faculty/profiles/vroom.shtml, ohne Angaben. (Stand: 27.04.11))

174 Vgl. Franken, Swetlana: Verhaltensorientierte Führung, Wiesbaden 2004, S. 102 in Verbindung mit vgl. Jung, Hans: Personalwirtschaft, 8. Aufl., München 2008, S. 398.

175 Vgl. Kühlmann, Torsten M.: Mitarbeiterführung in internationalen Unternehmen, Stuttgart 2008, S. 86.

Somit wirkt sich der erwartete Nutzen einer Handlung positiv auf die Leistungsbereitschaft eines Menschen aus.[176]

Neben der Wahl einer gewissen Arbeitshandlung und dem Grad der Anstrengung, spielen die drei Faktoren Valenz, Instrumentalität und Erwartung eine entscheidende Rolle.
Die Valenz beschreibt den Wert, den Handlungen eines Individuums zur Folge haben. Daher wird ein Mensch stets bemüht sein, Handlungen mit erfreulichem Ausgang zu wählen. So arbeitet beispielsweise eine Sekretärin auf eine Lohnerhöhung hin. Um ihr Ziel zu erreichen, nutzt sie ein Weiterbildungsangebot.
Erst nach erfolgreichem Abschluss des Kurses besteht die Möglichkeit einer Belohnung durch den Arbeitgeber, zum Beispiel in Form einer Gehaltserhöhung.
Somit wird deutlich, dass erst die Folgen einer abgeschlossenen Handlung der Bedürfnisbefriedigung des Arbeitenden dienlich sein können. Das Handlungsergebnis an sich, im Beispiel die Weiterbildungsmaßnahme mit positivem Ausgang, kommt vordergründig dem Unternehmen zugute und weist damit keine eigene Valenz auf. Sie bildet ausschließlich einen Ausgangspunkt um individuelle Arbeits- bzw. Lebensziele realisieren zu können.[177] Die persönlichen Einstellungen eines Menschen sowie führungstechnische Entscheidungen nehmen Einfluss auf die Valenz und lassen sie dadurch ganz individuell verschieden ausfallen. So sind vor allem Gehalt und Beförderungschancen von Bedeutung für einen jungen Familienvater. Alleinstehende Arbeitskollegen sind dagegen eher auf herausfordernde Tätigkeiten aus, die auch gern Aufenthalte im Ausland umfassen dürfen. Je mehr ein Mensch zu einer nach außen gewandten Haltung tendiert, desto sprunghafter stellt sich auch seine Valenz dar.[178]
Die Instrumentalität gibt die subjektiv erwartete Beziehung zwischen dem Handlungsergebnis und dem angestrebtem Ziel an. So besitzt in unserem Beispiel der durch die Sekretärin erfolgreich abgeschlossene Weiterbildungskurs eine recht hohe

176 Vgl. Jung, Hans: Personalwirtschaft, 8. Aufl., München 2008, S. 398.

177 Vgl. Kühlmann, Torsten M.: Mitarbeiterführung in internationalen Unternehmen, Stuttgart 2008, S. 86-88.

178 Vgl. Wunderer, Rolf: Führung und Zusammenarbeit, 7. Auflage, Köln 2007, S. 118f.

positive Instrumentalität für das gesetzte Arbeitsziel der Lohnerhöhung. Allerdings könnte diese ebenfalls für Ereignisse negativer Valenz, wie dem Neid der Kollegen, bestehen. Ein weiterer denkbarer Aspekt mit unerwünschter Valenz wäre wohl die Versetzung der Mitarbeiterin. Somit verfügt diese Konsequenz bei Bestehen der Prüfung über negative Instrumentalität, da davon ausgegangen wird, dass gute Leistung nicht durch eine Umsetzung geahndet wird.[179]

Die eigenen Bemühungen, die Beziehungen zu anderen Personen, die Führungsmaßnahmen oder einfach das Zufallsprinzip bestimmen die Instrumentalitätsbewertung.[180]

Die Erwartung stellt die subjektive Empfindung des Arbeitenden auf Aussicht eines gelungenen Ergebnisses dar, welches durch eine von ihm ausgeführte Handlung bzw. eine geleistete Anstrengung anzunehmen ist.

Beeinflusst wird diese Einschätzung von bereits gesammelten Erkenntnissen und der Selbsteinschätzung des Mitarbeiters sowie vom Arbeitsauftrag und den im Unternehmen vorherrschenden Gegebenheiten.

Angenommen unsere Sekretärin hat in der Vergangenheit bereits einen Weiterbildungskurs mit Erfolg bewältigt, so wird ihre Erwartung dazu tendieren, dass ein erneuter Kurs ebenfalls kein Hindernis darstellt. Hingegen würde sich ein früherer Misserfolg, eher negativ auf die Erwartung auswirken.[181]

Wie genau die drei Variablen Valenz, Instrumentalität und Erwartung miteinander verknüpft sind, wird im Valenz- und dem darauf aufbauenden Kraftmodell näher erläutert.[182] Diese ermöglichen letztendlich die Berechnung des Motivationsumfanges, welcher von einer bestimmten Handlung ausgeht.

---

179 Vgl. Kühlmann, Torsten M.: Mitarbeiterführung in internationalen Unternehmen, Stuttgart 2008, S. 88.

180 Vgl. Wunderer, Rolf: Führung und Zusammenarbeit, 7. Auflage, Köln 2007, S. 119.

181 Vgl. Kühlmann, Torsten M.: Mitarbeiterführung in internationalen Unternehmen, Stuttgart 2008, S. 88.

182 Eine genauere Betrachtung der Modelle würde an dieser Stelle den Rahmen sprengen. Für genauere Ausführungen am Beispiel vgl. Kühlmann, Torsten M.: Mitarbeiterführung in internationalen Unternehmen, Stuttgart 2008, S. 89-92., Vgl. Jung, Hans: Personalwirtschaft, 8. Aufl., München 2008, S. 399-400.

Ergänzt wird diese Erkenntnis durch das Ausführungsmodell. Dieses besagt, dass die errechnete Motivation multipliziert mit der Handlungskompetenz des Individuums zum eigentlichen Ergebnis einer Handlung führt. Somit gleicht ein hoher Motivationsgrad eine mangelnde Kompetenz aus oder aber geringe Motivation wird durch einen besonders stark ausgeprägten Kenntnisstand kompensiert.[183]

Zusammenfassend betrachtet, ist hohe Motivation zu erwarten, sofern Arbeitshandlungen aller Voraussicht nach zu einem angestrebten Resultat und dieses schlussendlich auch zur Befriedigung der eigens gesetzten Ziele führt. Wenn diese Ziele dann auch noch einen starken Antrieb für das Individuum besitzen, sind Erwartung, Instrumentalität und Valenz in ausreichendem Maße erfüllt.[184]

Vroom analysierte mit seiner Theorie nahezu alle Segmente des Arbeitsalltags, dazu gehören beispielsweise die Berufswahl, der Arbeitgeberwechsel oder auch die Arbeitseinstellung von Individuen. Das VIE-Modell war von erheblicher Bedeutung für die Motivationsforschung des Arbeitshandelns.

Dennoch blieben kritische Einwände an verschiedenen Annahmen der Valenz-Instrumentalitäts-Erwartungs-Theorie nicht aus. So wird dem Arbeitenden unterstellt, dass er einen erheblichen Aufwand betreibt, um den aus einer Handlung resultierenden Nutzen abzuwägen. Erst nach dieser sorgfältigen Analyse ist ein Handeln für ihn möglich. Diese Annahme ist überzogen und unrealistisch. Für zahlreiche Menschen würde diese Anstrengung eine unbezwingbare Hürde darstellen und somit wäre der letztendliche Nutzen nicht mehr korrekt abschätzbar. Auch ist nicht jeder gewillt, diese unheimliche Mühe auf sich zu nehmen. Vielmehr werden Handlungen routiniert vollzogen, was der zum Teil langjährigen Erfahrung im Arbeits- bzw. Lebensbereich geschuldet ist.[185] Zudem kann ein situativ unangebrachtes Verhalten, welches durch Fehleinschät-

---

183 Vgl. Kühlmann, Torsten M.: Mitarbeiterführung in internationalen Unternehmen, Stuttgart 2008, S. 89-92.

184 Vgl. Jung, Hans: Personalwirtschaft, 8. Aufl., München 2008, S. 400.

185 Vgl. Neuberger, Oswald: Führen und Führen lassen, 6. Aufl., Stuttgart 2002, S. 537 in Verbindung mit vgl. Kühlmann, Torsten M.: Mitarbeiterführung in internationalen Unternehmen, Stuttgart 2008, S. 92f.

zung zustande kam, den Weg zum gewünschten Ziel versperren.[186]
Eine dem Modell entsprechende, anspruchsvolle Nutzenanalyse erscheint lediglich im Falle gewisser Umstände des Berufslebens denkbar. Dazu gehören interne bzw. externe Stellenwechsel, die Aufnahme einer Tätigkeit in einer Firma oder gravierende Änderungen der Auswirkungen von Arbeitsleistungen, wie das Streichen von Prämienzahlungen. Oder auch, wenn unvorhergesehene bzw. paradoxe Vorkommnisse den gewohnheitsmäßigen Handlungsfluss stören.[187]
Die VIE-Theorie trifft keine Aussagen über die Gültigkeit des Ansatzes im Hinblick auf gewisse Personenkreise oder Lebenslagen.
Es finden sich keine Angaben über die Art sowie die Anzahl der Handlungskonsequenzen, die dem Arbeitenden als Grundlage für die eigene Nutzenanalyse dienen.
Ebenso die Annahme, dass das Handlungsergebnis keine eigenständige Valenz besitzt, muss für den Einzelnen nicht zwangsläufig gelten. So wird die Sekretärin, aus dem vorangegangenen Beispiel, durchaus Freude über einen gelungenen Abschluss ihres Weiterbildungskurses empfinden.[188]
Laut der theoretischen Auffassung gelten die drei Faktoren Valenz, Instrumentalität und Erwartung als voneinander losgelöste Elemente. So erfolgt durch das reine Modell keine Beachtung des Zusammenhangs von Erfolgserwartung und Handlungskonsequenz.[189] Dabei wird ein Ergebnis, welches mit großer Wahrscheinlichkeit eintreten wird, durchaus positive Wirkung auf die Valenz haben oder ein lohnenswertes Ergebnis wird au-

186 Vgl. Weinert, Ansfried B.: Organisations- und Personalpsychologie, 5. Aufl., Weinheim/Basel 2004, S. 207.

187 Vgl. Neuberger, Oswald: Führen und Führen lassen, 6. Aufl., Stuttgart 2002, S. 537 in Verbindung mit vgl. Kühlmann, Torsten M.: Mitarbeiterführung in internationalen Unternehmen, Stuttgart 2008, S. 88-93.

188 Vgl. Kühlmann, Torsten M.: Mitarbeiterführung in internationalen Unternehmen, Stuttgart 2008, S. 88-93.

189 Vgl. Kühlmann, Torsten M., nach Kahneman, Slovic & Tversky (1982): Mitarbeiterführung in internationalen Unternehmen, Stuttgart 2008, S. 93.

tomatisch als eher erreichbar eingestuft. Beim Letzteren spricht man vom sogenannten Wunschdenken.[190]
Es wird keine Auskunft über den Prozess der Erwartungs- als auch Instrumentalitätsbildung gegeben. Zudem konnte dieser unterstellte menschliche Informationsverarbeitungsvorgang nicht zufriedenstellend bestätigt werden.[191]
Die Auswertung vieler einzelner Analyseergebnisse[192] bestätigte die Beziehungen zwischen Arbeitsaufwand, dem Beweggrund einer Handlungsausführung und der Leistung. Jedoch erweist sich die VIE-Theorie bei ausführlicher Betrachtung der einzelnen Bestandteile als äußerst beziehungsreich und daher als überaus schwer zugänglich.[193] So ist die Bedeutung des Modells für das menschliche Arbeitshandeln als eher gering einzustufen.
Zwischen dem Abwägen des maximalen Nutzens vor Handlungsauswahl und der letztendlichen Handlungsausführung stehen weitere Vorgänge, welche nicht ausreichend beachtet werden. Diese sollten durch ein ergänzendes Konzept Beachtung finden.[194]
Es ist unproblematisch die VIE-Theorie als Grundmodell durch Abänderungen oder Zusätze auszubauen und inhaltsreicher zu gestalten.[195]

---

190 Vgl. Kühlmann, Torsten M.: Mitarbeiterführung in internationalen Unternehmen, Stuttgart 2008, S. 93.; Vgl. Weinert, Ansfried B.: Organisations- und Personalpsychologie, 5. Aufl., Weinheim/Basel 2004, S. 207.

191 Vgl. Kühlmann, Torsten M., nach Kahneman, Slovic & Tversky (1982): Mitarbeiterführung in internationalen Unternehmen, Stuttgart 2008, S. 93f.; Vgl. Weinert, Ansfried B.: Organisations- und Personalpsychologie, 5. Aufl., Weinheim/Basel 2004, S. 208.

192 Einen detaillierten Einblick in das Auswertungsverfahren erhält man in: Van Eerde, W. & Thierry, H. (1996).Vroom's expectancy models and work-related criteria: A meta-analysis. Journal of Applied Psychologie, 81, 575-586.

193 Vgl. Semmer, Norbert K./Udris, Ivars: Bedeutung und Wirkung von Arbeit, in: Schuler, Heinz: (Hrsg.): Organisationspsychologie, 4. Aufl., Bern 2007, S. 166.

194 Vgl. Kühlmann, Torsten M.: Mitarbeiterführung in internationalen Unternehmen, Stuttgart 2008, S. 94.

195 Wiswede, Günter: Motivation und Arbeitsverhalten, München 1980, S. 133.

Bedeutende Autoren wie Heckhausen oder Adams haben sich um Verbesserungen und Zusätze der Vroom'schen Theorie bemüht.[196] So stellt auch das nachfolgende Modell gewissermaßen eine Weiterentwicklung des VIE-Modells dar.[197]

2.3.2.2 Das Erwartungs-Wert-Modell von Porter und Lawler

Im Jahre 1968 erschien das von Lyman W. Porter und Edward E. Lawler entwickelte Erwartungs-Wert-Modell.[198] Es baut auf der von Vroom entwickelten VIE-Theorie auf, indem es eine Zweiteilung der Erwartungskomponente vornimmt, welche dem Ursprung nach die subjektiv empfundene Wahrscheinlichkeit angibt, dass eine gewisse Handlung auch zu einem Ergebnis führt.[199] Somit beschäftigt es sich ausgiebiger mit maßgeblichen Umständen in Unternehmen.[200]

Die erste Annahme des Modells geht davon aus, dass ein Mensch seine eigenen Leistungen zunächst einer Prüfung unterzieht, um zu schauen, ob das Ergebnis einer gewählten Handlungsvariante überhaupt erlangt werden kann.

Das eigene Selbstwertgefühl und die Arbeitsbedingungen sind für die Einschätzung von großer Bedeutung. Wichtig ist zudem die Erfahrung, dass durch erhöhtes Arbeitsengagement die Produktivität beeinflusst und somit dem eigenen Können zuge-

196 Vgl. Kühlmann, Torsten M.: Mitarbeiterführung in internationalen Unternehmen, Stuttgart 2008, S. 92 in Verbindung mit vgl. Semmer, Norbert K./Udris, Ivars: Bedeutung und Wirkung von Arbeit, in: Schuler, Heinz: (Hrsg.): Organisationspsychologie, 4. Aufl., Bern 2007, S. 166.

197 Vgl. Schneider, Hans J./Klaus, Hans (Hrsg.): Mensch und Arbeit, 11. Auflage, Düsseldorf 2008, S. 182.

198 Vgl. Böhne, Alexander: Generierung von Identifikations- und Motivationspotentialen älterer Arbeitnehmer im Kontext eines professionellen Human Resource Management, München/Mehring 2008, S. 155.

199 Vgl. Schneider, Hans J./Klaus, Hans (Hrsg.): Mensch und Arbeit, 11. Auflage, Düsseldorf 2008, S. 182.

200 Vgl. Weinert, Ansfried B.: Organisations- und Personalpsychologie, 5. Aufl., Weinheim/Basel 2004, S. 208.

schrieben werden kann und nicht etwa Arbeitsgeräte bzw. weitere Mitarbeiter Anteil daran haben.[201]
Die Annahme besitzt einen deutlichen Bezug zur Realität, die es ihr erlaubt, Einfluss auf die Motivation der Menschen zu nehmen. Instrumente hierfür können in Weiterbildungsmaßnahmen, der Arbeitsgestaltung oder auch in der Organisationstruktur gesehen werden.[202]
Die zweite Annahme des Modells von Porter und Lawler bezieht sich auf die Folgen eines Handlungsergebnisses, speziell auf den Wahrheitsgehalt dessen Eintretens. Führt ein bestimmter Leistungsaufwand also auch wirklich zum erwarteten Ziel. Als Beispiel wäre hier die von den Vorgesetzen versprochene Anteilhabe am Gewinn im Falle einer Umsatzzunahme zu nennen.
Hierbei fließen die persönlichen Erfahrungen des Einzelnen sowie anderer Firmenangehöriger, u.a. mit der Unternehmensführung, in die Aussicht auf Glaubwürdigkeit mit ein.[203]
Es wird eine multiplikative Verknüpfung beider Annahmen unterstellt, woraus resultiert, dass Bemühungen der betreffenden Person eingestellt werden, sofern diese keinen Anstieg der Arbeitsleistung zur Folge haben oder aber wenn eine vermehrte Arbeitsleistung vermutlich nicht zur gewünschten Belohnung führen wird.
Zufriedenheit entsteht demnach, wenn die erhaltene Belohnung mindestens der Höhe der Prognose gleich kommt. Fallen die tatsächlich erhaltenen Belohnungen großzügiger aus, als erwartet, kann von einer hohen Zufriedenheit gesprochen werden. Ein zufriedener Mitarbeiter weist dabei aber nicht zwangsläufig eine hohe Produktivität auf. [204]

---

201 Vgl. Schneider, Hans J./Klaus, Hans (Hrsg.): Mensch und Arbeit, 11. Auflage, Düsseldorf 2008, S. 182f.

202 Vgl. Hentze, Joachim/Graf, Andrea/Kammel, Andreas u.a.: Personalführungslehre, 4. Aufl., Bern/Stuttgart/Wien 2005, S. 135.

203 Vgl. Schneider, Hans J./Klaus, Hans (Hrsg.): Mensch und Arbeit, 11. Auflage, Düsseldorf 2008, S. 182f.

204 Vgl. Weinert, Ansfried B.: Organisations- und Personalpsychologie, 5. Aufl., Weinheim/Basel 2004, S. 208-210.

Von Bedeutung ist die von Vroom bisher vernachlässigte Unterscheidung in extrinsische und intrinsische Motivatoren.[205] So kann die Erreichung des Ergebnisses zum einen dem Selbstzweck dienen, beispielsweise um das intrinsisch motivierend wirkende Selbstentfaltungsmotiv zu befriedigen. Zum anderen eignet sich diese als Ausgangspunkt für persönliche Ziele. Ein Beispiel für diesen extrinsischen Motivator stellt der Erhalt einer Lohnerhöhung dar. Mit der Aussicht auf mehr Geld wird ein Mensch besonders engagiert arbeiten, um sich anschließend bestimmte Wünsche erfüllen zu können.
Intrinsisch motivierte Menschen erleben eine sofortige Bedürfnisbefriedigung, hingegen spielt bei der extrinsischen Motivation die Art sowie die Höhe der Belohnung eine entscheidende Rolle.[206]

Die Überprüfbarkeit der Ansätze erweist sich auf Grund der komplexen Modellstruktur jedoch als äußerst problematisch. So kann die Ursache für eine bestimmte Wirkung kaum eindeutig nachgewiesen werden.[207]
Unbeachtet bleibt auch der Aspekt, dass um Leistung zu erbringen, gewisse Gegebenheiten vorhanden sein müssen. So können fehlende oder beschädigte Arbeitsmaterialien und -werkzeuge Probleme bereiten, genau wie mangelnde oder gänzlich ausbleibende Hilfestellungen der restlichen Belegschaft oder der Führungsetage. Die Einengung von Entscheidungsspielräumen sowie lückenhafte und somit entscheidungshemmende Informationsübermittlung können ebenfalls Auslöser für ein gemindertes Leistungslevel sein. Somit wird deutlich, dass auch dieses Motivationsmodell durchaus ausbaufähig ist.[208]

---

205 Vgl. Scholz, Christian: Personalmanagement, 5. Aufl., München 2000, S. 901.

206 Vgl. Hentze, Joachim/Graf, Andrea/Kammel, Andreas u.a.: Personalführungslehre, 4. Aufl., Bern/Stuttgart/Wien 2005, S. 135f.

207 Vgl. Scholz, Christian: Personalmanagement, 5. Aufl., München 2000, S. 901.

208 Vgl. Weinert, Ansfried B.: Organisations- und Personalpsychologie, 5. Aufl., Weinheim/Basel 2004, S. 210.

2.3.2.3 Gegenüberstellung der Prozesstheorien

Das Erwartungs-Wert Modell von Porter und Lawler ist durch seine Komponentenvielfalt umfassender, als das dagegen recht simpel strukturierte Modell von Vroom. Dieser beziehungsreiche Aufbau verdeutlicht in umfassenderer Art und Weise die Entstehung menschlicher Motivation, welche mittels starker wechselseitiger Beziehungen der Faktoren und deren gegenseitiger Beeinflussung zustande kommt.[209]

Die Prozesstheorien setzen sich mit den vor Ausführung einer Handlung stehenden Abläufen auseinander. Je nachdrücklicher einer Aktion nachgegangen wird, als desto motivierter gilt die Einstellung einer Person.
Somit schildern die Modelle, wie reale Handlungen in Gang gesetzt werden.[210]
Auch können sie durch ihre sehr allgemeine Formulierungsweise und das Außerachtlassen des konkreten Bedürfnisinhalts, zur Verdeutlichung des Motivationsherganges bei willkürlicher Alternativwahl des Handelnden angewendet werden.[211]

Die Prozesstheorien allein finden in der Praxis jedoch eher weniger Verwendung, was vor allem der schwer zugänglichen Faktorenstruktur und dem Fehlen genauer Bedürfnisangaben geschuldet ist. Letzteres wirkt sich daher negativ auf deren Aussagegehalt aus.[212]
Welche Belohnungen zum Einsatz kommen, wie sie entstehen und wonach sie ausgewählt werden, bleibt offen. Auch deren Wirkungsweise sowie der Einfluss auf das Arbeitsverhalten kommen nicht näher zur Sprache. So kann auch im erweiterten Ansatz von Porter und Lawler die differenzierte Betrachtung extrinsischer und intrinsischer Belohnungen nicht mehr Klarheit bringen. Es wird deutlich, dass die Prozesstheorien hin-

---

209 Vgl. Scholz, Christian: Personalmanagement, 5. Aufl., München 2000, S. 901.

210 Vgl. Scholz, Christian: Personalmanagement, 5. Aufl., München 2000, S. 901f.

211 Vgl. Schneider, Hans J./Klaus, Hans (Hrsg.): Mensch und Arbeit, 11. Auflage, Düsseldorf 2008, S. 179.

212 Vgl. Jung, Hans: Personalwirtschaft, 8. Aufl., München 2008, S. 402.

sichtlich ursächlicher und inhaltlicher Aspekte Erweiterungen bedürfen.[213]

2.3.3 Abschließender Vergleich der Theoriegruppen und deren Bedeutung für die Praxis

Die Motivationstheoriegruppen richten ihr Augenmerk auf ganz unterschiedliche Bereiche der menschlichen Motivation. So steht bei den inhaltstheoretischen Modellen die Beschäftigung mit Inhalten der Motivation, wie den Anreizen, den Motiven, den Bedürfnissen oder den Absichten an oberster Stelle. Hingegen befassen sich die Prozesstheorien genauer mit dem Motivationsprozess, also der Wahl einer bestimmten Handlungsalternative.[214]
Somit können grundsätzliche Sachverhalte der Arbeitsmotivation mit Hilfe der Inhaltstheorien verdeutlicht werden. Details über die genauen vor der Ausführung einer Handlung stehenden Vorgänge sowie die sich dabei ereignenden kognitiven Abläufe liefern jedoch erst die Prozesstheorien.
Es erfolgt eine genaue Betrachtung des menschlichen Leistungsverhaltens. Dementsprechend können nähere Erkenntnisse über die Arbeitsleistung gewonnen werden, als es bei inhaltstheoretischen Überlegungen der Fall ist.[215]
Ebenso werden die vielschichtigen Verhaltensweisen des Menschen in den Ansätzen der Prozesstheorien besser erfasst, als es bei den inhaltstheoretischen Annahmen der Fall ist. Eine Vielzahl an Komponenten findet Beachtung, so ist das Setzen von äußeren Anreizen nicht allein ausschlaggebend für eine motivierte Arbeitseinstellung.[216]
Die bessere Praxistauglichkeit muss eindeutig den Prozesstheorien zuerkannt werden. Beispielsweise geben Porter und Lawler im Gegensatz zu Maslow Hinweise zur Anwendbarkeit im Arbeitsalltag. Alle Prozessvorgänge sowie deren einzelne Ele-

---

213 Vgl. Weinert, Ansfried B.: Organisations- und Personalpsychologie, 5. Aufl., Weinheim/Basel 2004, S. 210.

214 Vgl. Schütz, Julia: Pädagogische Berufsarbeit und Zufriedenheit, Bielefeld 2009, S. 44.; Vgl. Neuberger, Oswald: Führen und Führen lassen, 6. Aufl., Stuttgart 2002, S. 531.

215 Vgl. Frenzen, Heiko: Teams im Vertrieb, Wiesbaden 2009, S. 44.

216 Vgl. Jung, Hans: Personalwirtschaft, 8. Aufl., München 2008, S. 402.

mente sind für jedermann brauchbar sowie nachvollziehbar dargelegt. So kann die Führung zum Beispiel eine Belohnung an die zu erbringende Leistung knüpfen und somit Einfluss auf das Verhältnis zwischen Bemühung und Belohnung nehmen. Die Auswirkungen dieser Veränderungen im Motivationsprozess können Dank Porter und Lawler nahezu vollständig vorhergesagt werden. So ist praktisch gesehen das Beeinflussen jedes einzelnen Bestandteils möglich.[217]
Die Auseinandersetzung mit Beurteilungs-Ergebnis-Beziehungen erlaubt den prozessorientierten Modellen einen realistischeren Bezug zu menschlichen Verhaltensweisen herzustellen, als es bei den Inhaltstheorien der Fall ist. Letztere vernachlässigen diese Verbindungen.
Inhaltstheoretische Modelle beziehen unerwünschtes Verhalten zumeist auf die vorherrschenden Motive. Ein Beispiel hierfür ist die Annahme eines niedrigen Ausprägungsgrades des Wachstumsmotivs. Auch werden oftmals einfach neue „passende" Handlungsmotive hinzugefügt, wie beispielsweise die Festlegung des Vorhandenseins eines unzureichenden Sicherheitsmotivs. Prozesstheorien hingegen verdeutlichen die Ursachen des Ausbleibens favorisierten bzw. erwünschten Verhaltens. Wobei Gründe in einer geringen Aussicht auf Erfolg oder in fehlenden Arbeitsmitteln gesehen werden können.
Prozesstheorien erlauben zudem eine genauere Einschätzung von Arbeitsleistungen, indem sie eine präzisere Analyse von Zusammenhängen vornehmen. Beispielsweise wird die Leistung nicht mehr nur an der Ausführungsdauer einer Handlung, sondern zusätzlich an dem Anspruch der Tätigkeit gemessen.[218]

Es wird deutlich, dass die Prozesstheorien zu einem großen Teil fortschrittlicher sind und näher ins Detail gehen, als die inhaltlichen Ansätze. Jedoch kommen diese ohne den inhaltlichen

217 Vgl. Weinert, Ansfried B.: Organisations- und Personalpsychologie, 5. Aufl., Weinheim/Basel 2004, S. 211.

218 Vgl. Semmer, Norbert K./Udris, Ivars: Bedeutung und Wirkung von Arbeit, in: Schuler, Heinz: (Hrsg.): Organisationspsychologie, 4. Aufl., Bern 2007, S. 168f.; Vgl. Wunderer, Rolf: Führung und Zusammenarbeit, 7. Auflage, Köln 2007, S. 121.

Aspekt nicht aus. So kann die Valenz beispielsweise nur mit Hilfe der menschlichen Motive erläutert werden.[219]

Zusammenfassend betrachtet, reichen die Motivationstheorien allein nicht aus, um die Arbeitsmotivation ausreichend veranschaulichen zu können. Jeder Einzelfall muss individuell bewertet und mit Hilfe ausgewählter Theorien erläutert werden.[220] Bei einer Mehrzahl der Modelle sind die Variablen kaum hinreichend messbar sowie aus wissenschaftlicher Sicht anwendungsbezogen zufriedenstellend bestätigt.[221]

> „Theorien sind Suchstrategien und als solche immer problematische Wahrheiten."[222]

Daher greifen Führungskräfte nur auf einzelne sinnvoll erscheinende Bestandteile der unzähligen Theorien zurück und formen hieraus ihre Motivationstaktik.[223]

---

219 Vgl. Semmer, Norbert K./Udris, Ivars: Bedeutung und Wirkung von Arbeit, in: Schuler, Heinz: (Hrsg.): Organisationspsychologie, 4. Aufl., Bern 2007, S. 168f.; Vgl. Wunderer, Rolf: Führung und Zusammenarbeit, 7. Auflage, Köln 2007, S. 121.

220 Vgl. Elias, Sabine, nach Scholz, C. (1994): Incentives und ihre Wirkung auf die Mitarbeiter, Berlin 2000, S. 21, Fußnote 114.; Vgl. Weinert, Ansfried B.: Organisations- und Personalpsychologie, 5. Aufl., Weinheim/Basel 2004, S. 210.

221 Vgl. Elias, Sabine, nach Staehle, W. (1994): Incentives und ihre Wirkung auf die Mitarbeiter, Berlin 2000, S. 21, Fußnote 115.

222 Wiswede, Günter: Motivation und Arbeitsverhalten, München 1980, S. 141.

223 Vgl. Elias, Sabine, nach Staehle, W. (1994): Incentives und ihre Wirkung auf die Mitarbeiter, Berlin 2000, S. 21, Fußnote 115.

3 Motivationsinstrumente

Die Motivationsinstrumente dienen der Befriedigung menschlicher Bedürfnisse und führen somit zu einer Steigerung der Arbeitszufriedenheit, welche wiederum positiven Einfluss auf die Leistungsbereitschaft der Mitarbeiter nimmt. Ziel ist letztendlich die Unternehmensentwicklung erfolgreich voran zu bringen.[224]

Es existieren unzählige Anreizmaßnahmen mit denen Führungskräfte das Arbeitsengagement ihrer Belegschaft verbessern können.[225]

Welche Maßnahmen in einem Unternehmen zum Einsatz kommen, sollte wohl überlegt sein. Denn um deren gewünschte Wirkung zu erzielen, ist es notwendig, dass die Instrumente individuell auf die jeweilige Situation sowie auf einzelne Personen bzw. Personengruppen zugeschnitten sind.[226] Selbst Menschen, die einer gleichen Tätigkeit nachgehen und dieselben Interessen aufweisen, empfinden Anreize möglicherweise auf ganz unterschiedliche Art.[227]

> „Ich höre oft frustrierte Chefs darüber klagen, daß der Mitarbeiter X nichts tauge, weil er nicht wie der Mitarbeiter Y auf eine bestimmte Motivationstechnik anspreche. Eines Tages fragte mich ein Manager, ob er deshalb einen seiner Mitarbeiter feuern solle: Der Mann reagiere einfach nicht wie die anderen. Ich bat ihn darauf, mir seinen Schlüsselbund zu geben, wählte einen Schlüssel aus und fragte: 'Wozu paßt dieser Schlüssel?' 'Das ist mein Autoschlüssel!' - 'Paßt er auch für das Auto Ihrer Frau?' - 'Nein, natürlich nicht.' 'Sehen Sie,' sagte ich, 'mit Ihrer Motivationstechnik ist das genauso: sie paßt für

---

224 Vgl. Wöhe, Günter: Einführung in die Allgemeine Betriebswirtschaftslehre, 22. Aufl., München 2005, S. 172.; Vgl. Rosenstil, Lutz von: Motivation im Betrieb, 11. Aufl., Leonberg 2010, S. 106.

225 Vgl. Kolb, Meinulf: Personalmanagement, Wiesbaden 2008, S. 376.

226 Vgl. Comelli, Gerhard/von Rosenstiel, Lutz: Führung durch Motivation, 4. Auflage, München 2009, S. 16f.

227 Vgl. Ingham, Gavin: Motivieren, Offenbach 2008, S. 14.

den einen. Das bedeutet nicht, daß sie auch für den anderen paßt. Sie müssen differenzieren..."[228]

Der Motivationsanreiz sollte demnach ein Abbild der Bestrebungen eines Mitarbeiters sein.[229] So ist es etwa wenig sinnvoll, Mitarbeiter, die sich gern in Teams einbringen und ungern autark arbeiten, mit Einzelaufgaben zu betrauen.[230]
Jüngere Arbeitnehmer beispielsweise legen Wert auf die Möglichkeit, Fortbildungsangebote nutzen zu können, wollen vielfältige Tätigkeiten ausführen dürfen oder wünschen sich leistungsorientierte Bezahlung. All diese Anreize sind auf die berufliche Zukunft ausgerichtet. Ältere Arbeitnehmer hingegen denken eher gegenwärtig. Sie wollen Spaß an ihrer Arbeit, bevorzugen ein angenehmes Betriebsklima, nette Kollegen und Kunden oder Ansehen für ihre Leistungen. Zufriedenheit stellt sich bei den Arbeitnehmern nur ein, wenn die eigenen Zielvorstellungen mit den gesetzten Anreizen übereinstimmen.[231]
Die Zuversicht, dass ein Vorhaben erfolgreich beendet werden kann, ist dabei eine notwendige Voraussetzung. Ohne diese kann trotz sonst günstigster Umstände Demotivation die Folge sein. Beispielsweise wird ein Mitarbeiter mit dem Treffen einer wichtigen Entscheidung betraut. Dieser glaubt nicht daran, die Aufgabe bewältigen zu können und schiebt sie daher immer weiter auf. Die alleinige Verantwortung überfordert ihn, er ist unmotiviert. Hier können Motivationsinstrumente Abhilfe schaffen, die den Glauben an die eigene Leistungsfähigkeit festigen oder die Personalentwicklung fördern.[232]

---

228 Autor unbekannt (o.V.: Motivation, in: http://www.zitate.de/db/ergebnisse.php?sz=2&stichwort=&kategorie=Motivation&autor=, ohne Angaben. (Stand: 23.08.2011))

229 Vgl. Ziglar, Zig: Erfolg für Dummies, Weinheim 2009, S. 91.

230 Vgl. Schlingmann, Julia: Es gibt keinen richtigen oder falschen Führungsstil, in: VDI Nachrichten; 2011, Nr. 01, S. 19.

231 Vgl. Comelli, Gerhard/von Rosenstiel, Lutz: Führung durch Motivation, 4. Auflage, München 2009, S. 16f.; Vgl. Fischer, Bernhard: Studie zur Mitarbeitermotivation: Die Älteren aussortieren ist unsinnig, in: http://www.openpr.de/news/513135/Studie-zur-Mitarbeitermotivation-Die-Aelteren-aussortieren-ist-unsinnig.html, Februar 2011. (Stand: 17.08.2011)

232 Vgl. Laux, Helmut/Liermann, Felix: Grundlagen der Organisation, 6. Aufl., Berlin/Heidelberg 2005, S. 502f.

Eine Beschäftigung mit der enormen Bandbreite an Möglichkeiten zur Anreizsetzung ist daher unabdinglich. Liegen dem Unternehmen keine genauen Informationen über geeignete Maßnahmen sowie Wirkungsweisen vor, kann eine empirische Studie[233] Abhilfe schaffen.[234] Bevor eine Auseinandersetzung mit möglichen Motivationsinstrumenten erfolgt, sollten Führungskräfte für sich selbst hinterfragen, was dem jeweiligen Arbeitnehmer wichtig ist, was seine Ziele für den Moment und die Zukunft sind und wo seine Vorlieben liegen.[235] Dabei sollten sich Führungskräfte zunächst über ihre eigenen Bedürfnisse im Klaren sein und akzeptieren, dass diese mit denen der Mitarbeiter kollidieren können. Hier sind Toleranz, Akzeptanz sowie ein achtungsvoller Umgang miteinander gefragt.[236]
Je nachdem, welche Bedürfnisse durch Belohnungen angesprochen werden sollen, unterscheidet man zwischen extrinsischen und intrinsischen Anreizen.[237]

3.1 Extrinsische und intrinsische Anreize

Bei den extrinsischen Anreizen handelt es sich um Belohnungen, die für das Ausführen einer bestimmten Tätigkeit und den daraus resultierenden Ergebnissen, wie beispielsweise der Anzahl erfolgreicher Vertragsabschlüsse oder aber die Eigenkapitalzunahme aus Unternehmenstätigkeit, erworben werden können. Dabei weisen die Belohnungen selbst einen attraktiven Nutzen auf oder aber es besteht die Möglichkeit, primäre Anliegen über diesen Umweg zu befriedigen. Als Beispiele seinen hier der Aufstieg im Unternehmen und das Ansehen durch seine Mitmenschen genannt.

---

233 Näheres zur Erhebung von Daten mit dem Ziel der Motivationsbeurteilung zur Auswahl der geeigneten Motivatoren vgl. Kolb, Meinulf: Personalmanagement, Wiesbaden 2008, S. 377ff.

234 Vgl. Kolb, Meinulf: Personalmanagement, Wiesbaden 2008, S. 376.

235 Vgl. Comelli, Gerhard/von Rosenstiel, Lutz: Führung durch Motivation, 4. Auflage, München 2009, S. 21.

236 Vgl. Schlingmann, Julia: Es gibt keinen richtigen oder falschen Führungsstil, in: VDI Nachrichten; 2011, Nr. 01, S. 19.

237 Vgl. Laux, Helmut/Liermann, Felix: Grundlagen der Organisation, 6. Aufl., Berlin/Heidelberg 2005, S. 502.

Hingegen bezeichnen intrinsische Anreize Belohnungen, die der Aufgabenstellung oder den unmittelbaren Resultaten selbst innewohnen. Somit werden die immateriellen Bedürfnisse eines Menschen erfüllt. Diese können etwa durch die Problemlösung einer verzwickten Angelegenheit oder aber durch die Fertigung eines Werkstückes befriedigt werden. Dabei gibt es Arbeitnehmer, die sich auf eine bestimmte Tätigkeit spezialisieren und dabei stets intrinsisch belohnt werden und somit ihre Motivation daraus schöpfen. Andere hingegen sind nur zufrieden, wenn sie kontinuierlich vor neue Herausforderungen gestellt werden. Dann kann die Aufhebung einer extremen Aufgabenspezialisierung[238] Abhilfe schaffen.
Beide Anreizformen können durchaus in Kombination auftreten. So kann ein extrinsischer Belohnungsanreiz, wie etwa die Möglichkeit des Erreichens der nächst höheren Karrierestufe, zum einen intrinsisch wirken, da das Bedürfnis nach mehr Verantwortung gestillt wird und zum anderen kann es extrinsischen Charakter aufweisen, da Anerkennung und Verdienst steigen.
Es wird deutlich, dass extrinsische Belohnungen materieller als auch immaterieller Art sein können. Intrinsische Belohnungen hingegen befriedigen in erster Linie immaterielle Bedürfnisse.[239]

3.2 Materielle Anreize

Materielle Anreize gehen grundsätzlich mit einem monetären Wert für den Aufgabenträger einher. So sind finanzielle Zuwendungen in Form von Prämien oder Provisionszahlungen ebenso möglich, wie die Bereitstellung eines Firmenwagens oder einer Wohnung auf Kosten des Unternehmens.[240] Auch einmalige Belohnungen, wie beispielsweise ein Tag Sonderur-

238 Job Rotation stellt einen Ansatz zur Aufhebung der Aufgabenspezialisierung dar und wird am Ende des Gliederungspunktes 3.3.3 Personalentwicklung näher erläutert.

239 Vgl. Laux, Helmut/Liermann, Felix: Grundlagen der Organisation, 6. Aufl., Berlin/Heidelberg 2005, S. 502f.

240 Vgl. Laux, Helmut/Liermann, Felix: Grundlagen der Organisation, 6. Aufl., Berlin/Heidelberg 2005, S. 504.

laub oder ein Wertgutschein, etwa für ein Abendessen mit der Familie, können diesem Bereich zugeordnet werden.[241]

3.2.1 Entgelt

Das Entgelt als Anreizinstrument umfasst alle Vergütungen materieller Art, die innerhalb eines vertraglich geschlossenen Arbeitsverhältnisses für sämtliche erbrachte Leistungen gewährt werden.[242] Dazu gehören neben dem finanziellen Entgelt im klassischen Sinne auch Mitarbeiterbeteiligungen oder Zusatzleistungen. Letztere werden unter dem Punkt 3.2.2 näher behandelt.[243]

Lohn und Gehalt sind keine feststehenden Größen, sondern das Ergebnis umfangreicher Prozesse. So bestimmen äußere Faktoren, wie Tarifverhandlungen, Unternehmensprofitabilität oder Arbeitsplatzsituation, welche Dimensionen die Lohn- und Gehaltszahlungen annehmen. Auch personenabhängige Kriterien, beispielsweise die Qualifikation und das Lebensalter, finden Berücksichtigung.
Unternehmen sind bemüht, die erbrachte Arbeitsleistung ihrer Mitarbeiter und/oder die dabei erreichte Qualität gerecht zu entlohnen. Die Bezahlung sollte dementsprechend höher ausfallen, wenn beispielsweise eine abgeschlossene Berufsausbildung vorliegt, ein überdurchschnittliches Leistungsvermögen gezeigt wird oder wenn besondere Anstrengungen vonnöten sind, um eine Arbeitsaufgabe erledigen zu können. So ist die letztendliche Höhe des Entgeltes zwar von Bedeutung, aber nicht der entscheidende Faktor, um seine Arbeitnehmer zu mehr Leistung zu bewegen. Vielmehr sollte die subjektive Gerechtigkeitsempfindung Beachtung finden. Denn Mitarbeiter neigen dazu, sich mit Kollegen vergleichbarer Position zu messen.

---

241 Vgl. Dirk, Schmidt: Unternehmenserfolg durch Motivation-Führungskräfteentwicklung, in: Arbeit und Arbeitsrecht, Heft 12 (2010), S. 701.

242 Vgl. Ridder, Hans-Gerd: Personalwirtschaftslehre, 3. Aufl., Stuttgart 2009, S. 231.

243 Vgl. Stock-Homburg, Ruth: Personalmanagement, 2. Aufl., Wiesbaden 2010, S. 423.

Stimmen die Vorstellungen nicht mit der Realität überein, ist Unzufriedenheit die Folge.

Gemäß den beschriebenen Grundregeln, kommen eine Vielzahl von Entlohnungsmethoden zum Einsatz, welche Arbeitnehmer zu einem gewünschten Leistungsverhalten bewegen sollen. Angenommen wird, dass dies durch den monetären Anreiz ermöglicht wird, da Geld Menschen bei der Erfüllung ihrer Bedürfnisse dienlich ist. Je höher dieses ausfällt, desto motivierter seien die Mitarbeiter[244] und desto eher sind sie bereit, hohe Leistung zu erbringen.[245] Eine umfassende Diskussion zu diesem Sachverhalt findet sich unter dem Punkt *3.4.1 Geld als Motivationsquelle.*

Eine Auswahl zum Einsatz kommender Entlohnungsmethoden soll Gegenstand der nachfolgenden Ausführungen sein.

Bei der anforderungsorientierten Entlohnung werden mittels verschiedener Bewertungsverfahren[246] die Ansprüche eines Arbeitsplatzes gemessen, um den daraus resultierenden Arbeitswert einer entsprechenden Verdienststufe zuordnen zu können. Somit erhalten Mitarbeiter ein an die Arbeitsschwierigkeit angepasstes Entgelt, welches zudem für jeden Beschäftigten eines Anforderungsgrades in gleicher Höhe ausfällt. Somit ist die Forderung nach Gleichbehandlung erfüllt.[247]

Soll die erbrachte Leistung zudem differenziert entlohnt werden, besteht die Möglichkeit, eine zusätzliche leistungsabhängige Entgeltkomponente einzuführen.

Verschiedene Varianten kommen dabei zum Einsatz.

---

244 Vgl. Ridder, Hans-Gerd: Personalwirtschaftslehre, 3. Aufl., Stuttgart 2009, S. 231-234.

245 Vgl. Rosenstil, Lutz von: Motivation im Betrieb, 11. Aufl., Leonberg 2010, S. 106.

246 Es existieren verschiedene summarische und analytische Bewertungsverfahren, die für die Messung der Anforderungen einer Arbeitsstelle herangezogen werden können. Nähere Ausführungen zu den möglichen Methoden finden sich in: Ridder, Hans-Gerd: Personalwirtschaftslehre, 3. Aufl., Stuttgart 2009, S. 235-244.

247 Vgl. Ridder, Hans-Gerd: Personalwirtschaftslehre, 3. Aufl., Stuttgart 2009, S. 234f.

Der Akkordlohn als Leistungsentlohnung umfasst neben einem Grundlohn einen variablen Entgeltbestandteil. Dieser ergibt sich aus der quantitativen Leistung des Beschäftigten. Der hinzukommende Anreiz für die Beschäftigten besteht darin, die Menge, welche in einem festgelegten Zeitraum zu erbringen ist, zu übersteigen.[248] Hier kann der erbrachten Leistung ein genauer Lohn zugeordnet werden.[249]
Bei der Prämienentlohnung hingegen wird zusätzlich zum Basisanteil eine der Qualität der Leistung entsprechende Komponente gezahlt. Beispielsweise erhält der Mitarbeiter eine extra Vergütung, wenn die Lebensdauer von Maschinen verlängert, eine Terminvorgabe erfüllt oder qualitativen Richtmaßen entsprochen werden kann. Prämien werden einzelnen Mitarbeitern oder gesamten Arbeitsgruppen für die leistungsbereite Erfüllung unterschiedlichster Ziele[250] gewährt.[251]

Nicht immer kann der Arbeitsleistung ein entsprechender Lohn zugeordnet werden[252], dann bietet sich die Einführung eines Zeitlohnes an. Die Arbeitszeit dient hierbei als Ausgangspunkt für die Berechnung des Verdienstes. Beim stündlich bzw. monatlich gezahlten Lohn bzw. Gehalt, wird eine gleichbleibende Leistungserbringung vorausgesetzt.

---

248 Vgl. Ridder, Hans-Gerd: Personalwirtschaftslehre, 3. Aufl., Stuttgart 2009, S. 244f.

249 Vgl. Jung, Hans: Personalwirtschaft, 8. Aufl., München 2008, S. 591.; Vgl. Ridder, Hans-Gerd: Personalwirtschaftslehre, 3. Aufl., Stuttgart 2009, S. 245.

250 Nähere Ausführungen zu Individual- und Gruppenprämien und den damit verbundenen Leistungszielen finden sich in: Ridder, Hans-Gerd: Personalwirtschaftslehre, 3. Aufl., Stuttgart 2009, S. 246-248.

251 Vgl. Ridder, Hans-Gerd: Personalwirtschaftslehre, 3. Aufl., Stuttgart 2009, S. 244, 246f.

252 Das ist beispielsweise bei kreativen und geistigen Arbeiten der Fall. So auch bei Tätigkeiten, bei denen die Leistung allenfalls in sehr aufwändiger Weise gemessen werden könnte, wie im Zuge von Instandsetzungsarbeiten oder im Bereich der Lagerhaltung. Bereitschaftsdienste oder Arbeitsschritte mit gleichbleibenden Abfolgen erfordern ebenfalls eine am zeitlichen Aspekt ausgerichtete Entlohnung. (Vgl. Ridder, Hans-Gerd: Personalwirtschaftslehre, 3. Aufl., Stuttgart 2009, S. 248.)

Dadurch, dass sich betriebliche Änderungen oder Neuerungen, beispielsweise im Produkt- oder Beschäftigungsbereich, nicht auf die Entlohnung auswirken, ist der Zeitlohn bei Mitarbeitern sehr beliebt und soll dadurch besondere Leistungsbereitschaft erzeugen.
Ungünstig ist jedoch das Fehlen eines Leistungszusammenhangs. Denn Veränderungen des Produktivitätsniveaus der Beschäftigten beeinflussen in keinster Weise die Entlohnungshöhe. Somit bringt besonders gute Leistung keine geldlichen Vorteile und durch ungenügende Leistungserbringung entsteht dem betroffenen Mitarbeiter kein Verlust.
Ein zusätzlicher Leistungsbezug, der durch kontinuierliche Begutachtung der Arbeitsleistung erfolgt, kann Abhilfe schaffen. Auch hier haben sich zahlreiche Beurteilungsmethoden herausgebildet, welche hierarchisch von übergeordneter Stelle, wie dem Vorgesetzten oder nichthierarchisch durch Kollegen oder untergeordnete Mitarbeiter, eingesetzt werden können. Die Selbsteinschätzung des Mitarbeiters kann ebenfalls von Nutzen für die Feststellung und Bewertung des Leistungsniveaus sein.[253] [254]
Im öffentlichen Sektor besteht im Gegensatz zur freien Wirtschaft erst seit 2005 mit dem Tarifvertrag für den öffentlichen Dienst (TVöD) die Möglichkeit, neben der fixen Entlohnung, ein variables, leistungsbezogenes Entgelt zu erhalten. In der freien Wirtschaft sind materielle Anreizsysteme verschiedenster Art schon länger gebräuchlich, um die Motivation der Mitarbeiter zu steigern.[255]

Im Bereich der Entlohnung für Führungskräfte stehen weitere Anreize zur Verfügung, die sich oftmals am Erfolg des Unternehmens orientieren. Somit werden in bestimmten Intervallen Erfolgsbeteiligungen, sogenannte Tantiemen, die beispielsweise

---

253 Genauere Informationen zu den einzelnen Leistungsbeurteilungsverfahren finden sich in: Ridder, Hans-Gerd: Personalwirtschaftslehre, 3. Aufl., Stuttgart 2009, S. 249-257.)

254 Vgl. Ridder, Hans-Gerd: Personalwirtschaftslehre, 3. Aufl., Stuttgart 2009, S. 248f.

255 Vgl. Holtmann, Doris/Salmon, Dirk: Schwerpunkt: Mitarbeiter führen, Beurteilen und Belohnen, in: Personal (Zeitschrift für Human Resource Management), Heft 03 (2011), S. 18-19.

an den Gewinn oder Umsatz des Unternehmens geknüpft sind, als variable Entgeltbestandteile eingesetzt. Über diese leistungsbezogenen Vorteile soll eine Verbindung zu den Zielvorstellungen des Unternehmens hergestellt werden.[256] Die Beteiligung von Mitarbeitern ist noch nicht so weit verbreitet. So nutzen gerade einmal 0,13 Prozent der insgesamt 3 Millionen deutschen Unternehmen diese Möglichkeit zur Anreizsetzung. Es werden somit lediglich 8 Prozent der Erwerbstätigen in der Bundesrepublik Deutschland am Unternehmenserfolg beteiligt. Dabei zeigen Befragungen, dass Umsatz- sowie Gewinnzahlen eine positive Entwicklung in den Firmen aufweisen, die diese Möglichkeit für sich nutzen.[257]

Am Beispiel des Autobauers Audi wird deutlich, dass sich eine Beteiligung für beide Seiten auszahlt. So führten das enorme Engagement und die hohe Leistungsbereitschaft der Mitarbeiter auch im Jahr 2010 zu einem überaus erfolgreichen Geschäftsergebnis.[258] Die Umsätze konnten von 29,8 auf 35,4 Milliarden Euro gesteigert werden, was einer Erhöhung von knapp 19 Prozent im Vergleich zum Vorjahr entspricht. In der 100-jährigen Geschichte des Autobauers Audi konnte bisher kein höherer Wert erreicht werden.[259] Schon im Jahr 2009 sprach man in Auswertung des Geschäftsjahres 2008 von herausragenden Ergebnissen. So wurde ein Gewinn von knapp 2,8 Milliarden Eu-

---

256 Vgl. Ridder, Hans-Gerd: Personalwirtschaftslehre, 3. Aufl., Stuttgart 2009, S. 257f.

257 Vgl. Haas, Sibylle: Mitarbeiter-Beteiligung, Deutschland mit massivem Nachholbedarf, in: http://www.sueddeutsche.de/wirtschaft/mitarbeiter-beteiligung-deutschland-mit-massivem-nachholbedarf-1.891704, September 2007. (Stand: 21.07.2011)

258 Vgl. Audi AG: Höchste Mitarbeiter-Erfolgsbeteiligung in der Audi-Geschichte, in: http://www.audi.de/de/brand/de/unternehmen/Investor_Relations/news_und_adhoc/finanznachrichten.detail.2011~03~hoechste_mitarbeiter-erfolgsbeteiligung.html, März 2011. (Stand: 24.07.2011)

259 Vgl. Schille, Peter/Ohr, Jens: Audi: GuV (in Mio. EUR), in: http://www.finanzen.net/bilanz_guv/Audi, ohne Angaben. (Stand: 24.07.2011); Audi AG: Fragen und Antworten, Wie verlief die Umsatzentwicklung des Audi Konzerns in den letzten Jahren?, in: http://www.audi.de/de/brand/de/tools/advice/faq/investor_relations/wie_hat_sich_das_konzernergebnis.html, ohne Angaben. (Stand: 24.07.2011)

ro erzielt, dass bis dato höchste Ergebnis der Unternehmensgeschichte.[260]
Die Mitarbeiterbeteiligung liegt 2010 erneut bei ungefähr dem eineinhalbfachen des Entgelts eines Monats. Diese Form der Belobigung für erbrachte Leistungen wirkt sich stärkend auf das Gemeinschaftsgefühl der Belegschaft aus und fördert somit die Identifikation mit dem Unternehmen. Folglich begünstigt dies die künftige Einsatzbereitschaft der Mitarbeiter.[261]

Selbiges gilt auch für die Kapitalbeteiligung[262], die neben der Erfolgsbeteiligung Mitarbeitern bzw. Führungskräften die Möglichkeit bietet, am Eigen- oder Fremdkapital eines Unternehmens teilhaben zu können und immer häufiger zum Einsatz kommt.
Die Varianten hierfür sind recht vielseitig. So werden ursprünglich bar ausgezahlte Erfolgsbeteiligungen der Unternehmensfinanzierung zugeführt oder aber es wird mit Mitteln gearbeitet, die von Mitarbeitern bereitgestellt werden.
Der größte Unterschied besteht hierbei darin, dass die Erträge der Eigenkapitalbeteiligung von der Gewinnsituation des Unternehmens abhängig sind. Bei der Fremdkapitalbeteiligung ist dies nicht der Fall, da eine Festverzinsung, beispielsweise für ein gewährtes Darlehen seitens des Mitarbeiters, vereinbart wird.[263]

---

260 Vgl. Audi AG: Audi Erfolgsbeteiligung 2009: durchschnittlich € 5.300 pro Mitarbeiter, in: http://www.inar.de/blog/automobilindustrie/20090310/audi-erfolgsbeteiligung-2009-durchschnittlich--5300-pro-mitarbeiter.html, März 2009. (Stand: 24.07.2011)

261 Vgl. Audi AG: Höchste Mitarbeiter-Erfolgsbeteiligung in der Audi-Geschichte, in: http://www.audi.de/de/brand/de/unternehmen/Investor_Relations/news_und_adhoc/finanznachrichten.detail.2011~03~hoechste_mitarbeiter-erfolgsbeteiligung.html, März 2011. (Stand: 24.07.2011)

262 Vgl. Haas, Sibylle: Mitarbeiter-Beteiligung, Deutschland mit massivem Nachholbedarf, in: http://www.sueddeutsche.de/wirtschaft/mitarbeiter-beteiligung-deutschland-mit-massivem-nachholbedarf-1.891704, September 2007. (Stand: 21.07.2011)

263 Vgl. Jung, Hans: Allgemeine Betriebswirtschaftslehre, 10. Aufl., München 2006, S. 1001-1004.; Vgl. Lexikon der Betriebswirtschaft, hrsg. von Jean-Paul Thommen, 4. Aufl., Zürich 2008, S. 335.; Jung, Hans: Personalwirtschaft, 8. Aufl., München 2008, S. 612-614.

Alle hier vorgestellten entgeltlichen Instrumente, insbesondere die Verfahren zur Arbeits- und Leistungsbewertung, weisen zum Teil nicht unerhebliche Nachteile auf, die bedacht werden sollten, bevor ein Einsatz in der Praxis erfolgt.
So ist zum Beispiel bei der anforderungsorientierten Entlohnung die Ermittlung des Anspruches einer Arbeitsstelle mit einer enormen Anstrengung verbunden. Komplexe Prozessabläufe müssen vereinfacht dargestellt und grob in Gruppen zusammengefasst werden, damit eine Eingliederung in das Gehaltsgefüge erfolgen kann. Dabei kann eine rein objektive Betrachtung nicht immer gewährleistet werden. Weiterhin machen innere sowie äußere Faktoren, wie Produktwechsel oder technologische Fortschritte, die zu Veränderungen der Betriebsabläufe oder Arbeitsaufgaben führen, eine stetige Anpassung notwendig.[264]
Beim Akkordlohn als leistungsabhängige Entlohnungsform ist kritisch anzumerken, dass häufig Überlastungen der Arbeitskräfte auftreten, die durch übermäßige Anstrengung, bedingt durch den Willen den Lohn zu maximieren, verursacht werden.[265] Aus der Perspektive des Arbeitgebers ist als nachteilig anzusehen, dass die erhöhte Arbeitsgeschwindigkeit zu Defiziten bei der Qualität führen kann.[266] Weiterhin gilt es aus wirtschaftlicher Sicht zu bedenken, dass die gesteigerte Produktionsmenge erhöhte Lagerkosten nach sich zieht.[267]
Im Bereich der Prämienentlohnung kann der Gewöhnungseffekt als Hemmnis für eine nachhaltige Motivation angesehen werden. Es gilt immer neue Anreize zu bieten, da das nunmehr gesteigerte Einkommen als Selbstverständlichkeit erachtet wird.[268]
Die Zuordnung erbrachter Leistungen im Allgemeinen ist durch das Fehlen eines konkreten Bezuges, beispielsweise in Form der Arbeitsmenge, nicht immer eindeutig möglich. Das

264 Vgl. Ridder, Hans-Gerd: Personalwirtschaftslehre, 3. Aufl., Stuttgart 2009, S. 259f., 237.

265 Vgl. Ridder, Hans-Gerd: Personalwirtschaftslehre, 3. Aufl., Stuttgart 2009, S. 245, 259f.

266 Vgl. Jung, Hans: Personalwirtschaft, 8. Aufl., München 2008, S. 591.

267 Vgl. Ridder, Hans-Gerd: Personalwirtschaftslehre, 3. Aufl., Stuttgart 2009, S. 245.

268 Vgl. Ridder, Hans-Gerd: Personalwirtschaftslehre, 3. Aufl., Stuttgart 2009, S. 247.

bloße Verhalten dient hierbei weitestgehend als Grundlage für die Einschätzung der Mitarbeiterleistung, was nicht selten zu Fehlbeurteilungen und vorschnellen Werturteilen führt.[269] Verschiedene Beobachter kommen häufig zu unterschiedlichen Ergebnissen, was neben einer Unzuverlässigkeit der Beobachtungskriterien, auf eine enorme Subjektivität schließen lässt. Zudem werden nicht immer alle wichtigen Leistungsmerkmale in die Beurteilung einbezogen, was Zweifel an der Gültigkeit der Einschätzung des Beobachters aufkommen lässt. So kann beispielsweise der erste Eindruck zu einem vorschnellen Urteil über einen Mitarbeiter führen oder aber frühere Verhaltensweisen werden eher vernachlässigt, sodass vordergründig nur aktuelles Verhalten beachtet wird. Auch die Meinung anderer Personen kann die des Beurteilers unbewusst beeinflussen, etwa bei Unsicherheit über die Korrektheit der eigenen Einschätzung.[270]

Problematisch gestaltet es sich auch stets, einen genauen Zusammenhang zwischen dem Erfolg eines Unternehmens und der Leistung von einzelnen Mitarbeitern bzw. Führungskräften herzustellen. Oftmals erfolgt die Zahlung einer Erfolgsbeteiligung erst am Ende eines Geschäftsjahres, was den zeitlichen Bezug zur erbrachten Leistung zerstört.[271]

3.2.2 Zusatzleistungen

Zusatzleistungen werden den Mitarbeitern ergänzend zur fixen bzw. variablen Vergütung gewährt.[272]

---

269 Einen genauen Überblick über häufige Fehlerquellen bei der Beurteilung von Mitarbeiterleistungen und zahlreichen Beispielen finden sich in: Ridder, Hans-Gerd: Personalwirtschaftslehre, 3. Aufl., Stuttgart 2009, S. 254-256.

270 Vgl. Ridder, Hans-Gerd: Personalwirtschaftslehre, 3. Aufl., Stuttgart 2009, S. 254-256, 260.

271 Vgl. Ridder, Hans-Gerd: Personalwirtschaftslehre, 3. Aufl., Stuttgart 2009, S. 257.

272 Vgl. Stock-Homburg, Ruth: Personalmanagement, 2. Aufl., Wiesbaden 2010, S. 423.

Neben den gesetzlich vorgeschriebenen oder tariflich vereinbarten Sozialleistungen können Unternehmen freiwillige Leistungsangebote bereitstellen.[273]

Der Gesetzgeber schreibt zum Schutz des Arbeitnehmers und dessen Familie eine Versicherung gegen gewisse Umstände bzw. Risiken vor, die im Laufe eines Arbeitslebens eintreten können. Diese Sozialversicherung stellt somit eine finanzielle Mindestabsicherung bei Wegfall der Arbeitsvergütung dar. Die Ursachen hierfür können der Verlust der Arbeit, eine Mutterschaft, das Alter sowie unfall- oder krankheitsbedingt sein.[274] Der Arbeitgeber ist verpflichtet, die Beiträge der Versicherung an den entsprechenden Versicherungsträger weiterzuleiten. Diese sind zu gleichen Teilen vom Arbeitgeber und vom Arbeitnehmer aufzubringen, wobei der Mitarbeiteranteil direkt vom Lohn abgezogen wird. Eine Ausnahme bildet der Unfallversicherungsschutz, der etwa bei Wege- oder Arbeitsunfällen greift. Hier werden die Beiträge ausschließlich durch den Arbeitgeber beglichen.[275]

Die tariflichen Sozialleistungen werden durch Tarifverträge geregelt, die zwischen der zuständigen Gewerkschaft und dem Unternehmen geschlossen werden. Die Arbeitgeber sind durch den Druck dieser zu bestimmten Zahlungen verpflichtet. Zu ihnen zählt etwa die Entgeltfortzahlung bei Krankheit des Arbeitnehmers, wenn diese die gesetzliche Dauer von sechs Wochen übersteigt.[276]

Den freiwilligen Leistungen kommt eine besondere Bedeutung zu, da sie im Gegensatz zu den gesetzlichen sowie den tarifli-

273 Vgl. Stock-Homburg, Ruth: Personalmanagement, 2. Aufl., Wiesbaden 2010, S. 429.

274 Nähere Ausführungen zur Sozialversicherung finden sich in: Vgl. Jung, Hans: Personalwirtschaft, 8. Aufl., München 2008, S. 603-606.

275 Vgl. Jung, Hans: Personalwirtschaft, 8. Aufl., München 2008, S. 603-606.; Vgl. Olfert, Klaus (Hrsg.): Personalwirtschaft, 11. Auflage, Ludwigshafen 2005, S. 367f.

276 Vgl. Jung, Hans: Personalwirtschaft, 8. Aufl., München 2008, S. 607.

chen Sozialleistungen dem Arbeitgeber nicht auferlegt werden und somit individuell eingesetzt werden können.[277]
Die freiwilligen Zusatzleistungen können unterschieden werden in Sozial-, Dienst- oder Sachleistungen.[278]
Diese sollen eine Steigerung der Mitarbeiterproduktivität und des Arbeitsengagements herbeiführen sowie das Vertrauen und das Zugehörigkeitsgefühl zum Unternehmen verbessern. Die zusätzlichen Angebote erhöhen die Attraktivität des Betriebes. Neben einer stärkeren Bindung der beschäftigten Mitarbeiter an ihren Arbeitgeber, kann auch eine vermehrte Aufmerksamkeit des Arbeitsmarktes die Folge sein.[279] So erfolgt eine Abgrenzung zu Wettbewerbsunternehmen. Dies wirkt sich positiv auf die Gewinnung neuer Arbeitskräfte aus.[280] Gerade in Zeiten des Fachkräftemangels, in denen es darum geht gut ausgebildete Mitarbeiter für sich zu gewinnen, lohnt sich der Einsatz freiwilliger Leistungen.[281]
Zudem interessant für Unternehmen sind die Begleiterscheinungen, dass der Einfluss der Gewerkschaften abgemildert werden kann und dass Steuerersparnisse möglich sind.[282]

Vorteilhaft für Arbeitnehmer- und Arbeitgeberseite ist so beispielsweise die Entgeltsteigerung über Essensgutscheine. Diese können von den Mitarbeitern in der unternehmenseigenen Kantine oder aber in teilnehmenden Gastronomieketten wie Bargeld eingesetzt werden. Es sind bereits 30.000 Betriebe an dem Modell beteiligt. Darunter befinden sich Restaurants, Supermärkte, Bäckereien oder auch Metzgereien. So wird eine

---

277 Vgl. Jung, Hans: Personalwirtschaft, 8. Aufl., München 2008, S. 607.

278 Vgl. Stock-Homburg, Ruth: Personalmanagement, 2. Aufl., Wiesbaden 2010, S. 423.

279 Vgl. Jung, Hans: Personalwirtschaft, 8. Aufl., München 2008, S. 607.; Vgl. Wöhe, Günter: Einführung in die Allgemeine Betriebswirtschaftslehre, 22. Aufl., München 2005, S. 181.

280 Vgl. Duderstadt, Stefan: Wertorientierte Vertriebssteuerung durch ganzheitliches Vertriebscontrolling, hg. von Roland Berger, Wiesbaden 2006, S. 170.

281 Vgl. Aubry, Christian: Lohnkosten optimieren durch Essensgutscheine - Mit Mittagessen Lohn steigern, in: Arbeit und Arbeitsrecht, Heft 01 (2011), S. 39-41.

282 Vgl. Jung, Hans: Personalwirtschaft, 8. Aufl., München 2008, S. 607.

ausgewogene Ernährung auch ohne betriebseigene Kantine ermöglicht. Dies wirkt sich positiv auf den Gesundheitszustand der Mitarbeiter aus, welcher sich wiederum in einer verbesserten Leistungsbereitschaft widerspiegelt. Denn das Mittagstief wird durch eine vernünftige Ernährung umgangen und am Nachmittag lässt sich noch einmal das gesamte Leistungspotential ausschöpfen.

Eine teure Selbstversorgung ist nicht mehr notwendig.

Durch staatliche Subvention können Lohnnebenkosten eingespart werden. Deutsche Unternehmen dürfen gemäß § 8 Abs. 2 des Einkommensteuergesetzes (EStG) und den Regelungen der Sozialversicherungsentgeltverordnung (SvEV) bis zu 5,93 Euro zur Essensverpflegung ihrer Beschäftigten beisteuern. Dieser Betrag setzt sich aus dem steuerlichen Sachbezugswert von 2,83 Euro und einem Arbeitgeberzuschuss von maximal 3,10 Euro zusammen.

Der Arbeitgeber kann dabei die gesamten Kosten von 5,93 Euro übernehmen, was bei ca. 220 Arbeitstagen im Jahr einer Gehaltserhöhung von 1.304,60 Euro pro Arbeitnehmer entspricht. Dabei ist lediglich der amtliche Sachbezugswert von 2,83 Euro als geldlicher Vorteil mit 25 Prozent zu versteuern.

Um zusätzlich auch diese Versteuerung zu umgehen, bietet sich eine zweite Variante an, bei der der Beschäftigte den amtlichen Sachbezugswert von 2,83 Euro übernimmt. Der Arbeitgeber zahlt den Anteil von 3,10 Euro. Hier liegt die Gehaltserhöhung bei 682 Euro im Jahr und hat durch die Steuerersparnis einen eindeutigen Vorteil zur klassischen Erhöhung des Entgelts in barer Form, da dort die Lohnkosten durch den Sozialversicherungsbeitrag deutlich höher ausfallen.

Dieses freiwillige Leistungsangebot ist in Ländern wie Brasilien, Italien oder Schweden bereits gängige Praxis und hat auch in Deutschland ein enormes Wachstumspotential, da in unserer Gesellschaft Hektik, Termindruck und Stress dominieren. Meist bleibt wenig Raum zur Erholung und einer damit verbundenen gesunden Ernährung. Dieser negative Aspekt kann durch die Essensgutscheine verbessert werden, was zu motivierten und leistungsfähigen Mitarbeitern verhilft.[283]

---

283 Vgl. Aubry, Christian: Lohnkosten optimieren durch Essensgutscheine - Mit Mittagessen Lohn steigern, in: Arbeit und Arbeitsrecht, Heft 01 (2011), S. 39-41.

Ein weiteres soziales Leistungsangebot, welches besonders häufig zum Einsatz kommt, ist die betriebliche Altersversorgung. Hierbei handelt es sich um Unternehmensleistungen, die dem Arbeitnehmer nach dem Ausscheiden aus der Erwerbstätigkeit in Form eines zusätzlichen Einkommens zur gesetzlichen Rente zugutekommt. Ziel ist den Lebensabend angenehmer zu gestalten.
Aber auch Gratifikationen, beispielsweise in Form eines 13. Monatsgehalts, Weihnachts-, Urlaubs- oder Heiratsgeld, sind übliche Zusatzvergütungen, die für Zufriedenheit und eine kontinuierliche Motivation der Mitarbeiter sorgen sollen.[284]

Sonstige Leistungen, die den Mitarbeitern gewährt werden können, sind Sachleistungen, etwa in Form eines Firmenwagens oder auch Dienstleistungen, beispielsweise in Form einer kostenfreien Kinderbetreuung im betriebseigenen Kindergarten.[285]
Besonders der Firmenwagen ist ein beliebtes Mittel zur Motivationssteigerung, da dieser für die Menschen meist einen höheren emotionalen Stellenwert einnimmt, als eine klassische Gehaltserhöhung. Gerade auf den Straßen in Deutschlands Großstädten sind inzwischen 20 Prozent der Personenkraftwagen als privat genutzte Firmenwagen unterwegs. Als beliebte Modelle, die dem individuellen Firmenimage entsprechen, haben sich zum Beispiel VW Passat, Audi A4 oder auch 3er BMW herauskristallisiert. Führungskräfte bevorzugen Fahrzeuge wie Mercedes E-Klasse, 5er BMW oder Audi A6, wobei der Arbeitgeber den Rahmen für die Modellauswahl vorgibt.[286]

Durch die Einführung eines Cafeteria Systems bietet sich Mitarbeitern die Möglichkeit, aus dem vom Unternehmen angebo-

284 Vgl. Jung, Hans: Personalwirtschaft, 8. Aufl., München 2008, S. 608.

285 Vgl. Stock-Homburg, Ruth: Personalmanagement, 2. Aufl., Wiesbaden 2010, S. 429.

286 Vgl. Bunke, Roland: Gehaltserhöhung Geld oder Auto? Ein Firmenwagen bringt Image, kann die Motivation steigern und sich rechnen. Da gilt es nur, den Chef zu überzeugen, in: Auto Bild, Heft 29 (2010), S. 64.

tenen Zusatzleistungen, die gewünschten auszuwählen.[287] Beispielsweise kann zwischen einem Dienstwagen oder einem Versicherungspaket gewählt werden. Somit kann näher auf die Wünsche und Bedürfnisse der Mitarbeiter eingegangen werden, mit dem Ziel, einen Anstieg der Arbeitsleistung und der Arbeitsmotivation herbeizuführen.[288] Gleichzeitig wirkt das System der teilweise auftretenden geringen Wertschätzung manch angebotener freiwilliger Leistungen entgegen. Der betriebliche Aufwand wird oft unterschätzt, dadurch dass die Mitarbeiter keinen persönlichen Nutzen in der vom Unternehmen festgelegten Zusatzleistung sehen. Durch die Auswahlmöglichkeit des Cafeteria-Systems wird dieser negative Aspekt umgangen.[289]

3.3 Immaterielle Anreize

Immaterielle Anreize sind nicht-monetärer Art, wie etwa der Einsatz anerkennender Worte für gute Leistung des Mitarbeiters durch den Vorgesetzten. Immaterielle Anreizmaßnahmen können jedoch durchaus auch mit zum Teil hohen Kosten für das Unternehmen verbunden sein.[290]

3.3.1 Mitarbeiterführung

Es existiert eine Reihe von Instrumenten zur Mitarbeiterführung, die im Wesentlichen zwei Hauptziele verfolgen. Zum einen soll die Kommunikation zwischen Vorgesetzen und Mitarbeitern verbessert werden und zum anderen soll eine stärkere Einbindung der Beschäftigten in Prozesse erfolgen, um enga-

287 Vgl. Stock-Homburg, Ruth: Personalmanagement, 2. Aufl., Wiesbaden 2010, S. 429.

288 Vgl. Ridder, Hans-Gerd: Personalwirtschaftslehre, 3. Aufl., Stuttgart 2009, S. 233.

289 Vgl. Duderstadt, Stefan: Wertorientierte Vertriebssteuerung durch ganzheitliches Vertriebscontrolling, hrsg. von Roland Berger, Wiesbaden 2006, S. 170.

290 Vgl. Laux, Helmut/Liermann, Felix: Grundlagen der Organisation, 6. Aufl., Berlin/Heidelberg 2005, S. 504.

giert und auf gemeinsamem Wege Unternehmensziele erreichen zu können.[291]

3.3.1.1 Kommunikationsinstrumente

Die Kommunikation, als wechselseitiger Austausch von Informationen zwischen den Organisationsmitgliedern, dient der Befriedigung verschiedenster Bedürfnisse. So werden bei den Mitarbeitern das Geselligkeits-, Sicherheits- und das Kompetenzmotiv angesprochen. Vergleiche hierzu Punkt *2.1.4* und *2.1.5*.
Komplexe Vorgänge können durch die meist hohe Spezialisierung der einzelnen Beschäftigten nur durch ausreichende Informationen über die Kommunikation transparent gemacht werden. Nur so wird dem Mitarbeiter deutlich, welche bedeutende Rolle er innerhalb des Unternehmens einnimmt und wie wichtig sein Beitrag zum Unternehmenserfolg ist. Als Voraussetzung Leistung zu erbringen und die geforderten Ziele zu erreichen, muss demnach ein ausreichender Informationsaustausch stattfinden. Sieht der Mitarbeiter in der Erfüllung seiner Aufgaben einen Sinn, so steigert dies die Motivation und somit die Produktivität.[292]

Am Beispiel des ausgewählten Einsatzes von Lob und Kritik soll gezeigt werden, wie durch die damit verbundene Verbesserung der Kommunikation im Arbeitsalltag, ein positiver Einfluss auf die Mitarbeitermotivation möglich ist.[293] [294] Neben der überaus flexiblen Einsatzmöglichkeit haben anerkennende Worte des Vorgesetzten enormen Einfluss auf die Motivation der Mitarbeiter. Die Wiederholung erwünschter Verhaltenswei-

---

291 Vgl. Stock-Homburg, Ruth: Personalmanagement, 2. Aufl., Wiesbaden 2010, S. 558f.

292 Vgl. Rosenstil, Lutz von: Motivation im Betrieb, 11. Aufl., Leonberg 2010, S. 172f.

293 Vgl. Stock-Homburg, Ruth: Personalmanagement, 2. Aufl., Wiesbaden 2010, S. 558f.

294 Weitere mögliche Instrumente zur Verbesserung der Kommunikation finden sich in: Vgl. Stock-Homburg, Ruth: Personalmanagement, 2. Aufl., Wiesbaden 2010, S. 561-567.

sen wird gefördert und somit auch die Leistung vorteilhaft beeinflusst. Die Voraussetzung dafür ist allerdings der korrekte Einsatz des Instruments.[295]

Daher sollte eine Anerkennung von Verhaltensweisen und Leistungen, wie etwa einem freundlichen Umgang mit Kollegen oder einer fertig gestellten Arbeitsaufgabe, ausgehend von einem Vorgesetzen, der Tätigkeitsfelder und Arbeitsweisen des Mitarbeiters genau kennt, stets in angemessener verbaler Form erfolgen. Darüber hinaus sollten lobende Worte unmittelbar dem als positiv erachteten Verhalten folgen, sodass dem Mitarbeiter eine eindeutige Zuordnung ermöglicht wird. Dabei ist ein zwei Personen Gespräch einer öffentlichen Wertschätzung vorzuziehen, vorausgesetzt dem Mitarbeiter soll eine unangenehme Situation erspart bleiben. Eine Ausnahme bildet lediglich der führungsstrategische Wunsch, den Kollegen des vorbildlichen Mitarbeiters ein Leitbild vorzugeben, an dem sie sich orientieren können.

Auch Kritik kann, wenn sie in vernünftiger, verständlicher Weise angebracht wird, zu einer verbesserten Kommunikation und somit zum erwünschten Arbeitshandeln verhelfen. Dabei sollte ausnahmslos der direkte Vorgesetzte ein persönliches Gespräch mit dem betreffenden Mitarbeiter suchen. Denn nur dieser besitzt den nötigen Einblick in Verhaltens- und Arbeitsweisen der Person. Wichtig ist hierbei, dass auf unerwünschte Verhaltensweisen unmittelbar nach deren Auftreten hingewiesen wird und der Beschäftigte nicht etwa mit einer abschreckenden Ansammlung negativer Aspekte konfrontiert wird.[296]

3.3.1.2 Koordinationsinstrumente

Um Aufgaben- sowie Verantwortungsbereiche klarer zu strukturieren, Unternehmensabläufe zu optimieren und im Zuge

295 Vgl. Rosenstiel, Lutz von/Regnet, Erika/Domsch, Michel (Hrsg.): Führung von Mitarbeitern, 5. Aufl., Stuttgart 2003, S. 270.

296 Vgl. Stock-Homburg, Ruth: Personalmanagement, 2. Aufl., Wiesbaden 2010, S. 559f.

dessen die Mitarbeitermotivation zu steigern, eignen sich im Wesentlichen drei Führungsmaßnahmen.[297]

So ist es sinnvoll, Leistungsziele, die es innerhalb eines vereinbarten Zeitraumes zu erfüllen gilt, gemeinsam mit den Mitarbeitern auszuarbeiten. Da sich vor allem die Möglichkeit zur Mitentscheidung motivationsfördernd und somit leistungssteigernd auswirkt.
Die Zielformulierung sollte dabei eindeutig und für jeden Mitarbeiter verständlich ausfallen. Des Weiteren müssen Voraussetzungen wie die Messbarkeit, die Umsetzbarkeit und die Ausrichtung auf das Endergebnis gegeben sein.[298] Dabei wirkt es sich besonders motivierend aus, wenn das zu erreichende Ziel in gewissem Maße eine Herausforderung darstellt.[299]
Regelmäßige Gespräche über den Bearbeitungsstand ermöglichen der Führungskraft eine bessere Kontrolle über Teil- bzw. Endergebnisse und decken Probleme auf, welche somit durch Hilfestellungen bewältigt werden können.[300]

Dieses Feedback gibt zusätzlich Klarheit über das gewünschte Verhalten und sorgt dafür, dass ein effizienter Einsatz von Arbeitsenergie und folglich eine volle Konzentration auf die zu bewältigende Arbeitsaufgabe gewährleistet wird.[301]

---

297 Vgl. Stock-Homburg, Ruth: Personalmanagement, 2. Aufl., Wiesbaden 2010, S. 567f.

298 Vgl. Stock-Homburg, Ruth: Personalmanagement, 2. Aufl., Wiesbaden 2010, S. 567f.; Vgl. Stroebe Antje I./Stroebe, Rainer W.: Motivation durch Zielvereinbarungen, hrsg. von Ekkehard Crisand, Gerhard Raab, 2. Aufl., Frankfurt am Main 2006, S. 12.

299 Vgl. Niermeyer, Rainer/Seyffert, Manuel: Motivation, 4. Aufl., Planegg/München 2009, S. 66.; Vgl. Scheffer, David/Kuhl, Julius: Erfolgreich motivieren, Göttingen/Bern/Wien u. a. 2006, S. 80.

300 Vgl. Stock-Homburg, Ruth: Personalmanagement, 2. Aufl., Wiesbaden 2010, S. 572.

301 Vgl. Scheffer, David/Kuhl, Julius: Erfolgreich motivieren, Göttingen/Bern/Wien u. a. 2006, S. 80.

Weiterhin bietet sich die Maßnahme der Delegation an. Hierbei werden dem Mitarbeiter von einem Vorgesetzten Aufgaben zur selbständigen Erledigung übertragen.[302]
Der damit verbundene erweiterte Verantwortungsbereich wirkt sich vor allem positiv auf die Motivation der Mitarbeiter aus. Daneben werden auch die Kompetenzen der Beschäftigten ausreichend gefordert und gefördert.
Dem Vorgesetzten ermöglicht diese Unterstützung eine stärkere Konzentration auf den strategischen Teil seines Aufgabenbereiches.[303]
Grundvoraussetzung für einen erfolgreichen Einsatz des Führungsinstruments ist insbesondere die frühzeitige Bekanntgabe zusätzlicher Aufgaben. Nur so ist es dem Mitarbeiter möglich, diese in seinen Arbeitsablauf zu integrieren und im geforderten Zeitraum zu erfüllen. Dabei sollten neben der Übertragung von Verantwortung auch die erforderlichen Kompetenzen, beispielsweise der notwendige Raum für Entscheidungen, eingeräumt werden.
Wie bei der Formulierung der Zielvereinbarungen gilt es auch hier wieder, die Aufgabenstellungen so präzise und verständlich wie möglich zu verfassen und den genauen Zeitrahmen für die Bearbeitung abzustecken. So kann das Projekt korrekt und fristgerecht erfüllt werden.
Um auf eventuelle Problemfelder im Zusammenhang mit der Aufgabe vorbereitet zu sein, sollten dem Mitarbeiter alle bereits gesammelten Informationen mitgeteilt werden.
Die Führungskraft sollte bei auftretenden Fragen und Schwierigkeiten als Ansprechpartner fungieren, jedoch keineswegs den kompletten Lösungsweg der Aufgaben vorgeben, um nicht das Pflichtgefühl der Mitarbeiter für das Erbringen von Leistung negativ zu beeinträchtigen.[304]

302 Vgl. Jung, Hans: Personalwirtschaft, 8. Aufl., München 2008, S. 450; Vgl. Stroebe, Rainer W.: Grundlagen der Führung, hrsg. von Ekkehard Crisand, Gerhard Raab, 13. Aufl., Hamburg 2010, S. 56.; Vgl. Stroebe, Rainer W.: Führungsstile, hrsg. von Ekkehard Crisand, 7. Aufl., Heidelberg 2003, S. 14f.

303 Vgl. Stock-Homburg, Ruth: Personalmanagement, 2. Aufl., Wiesbaden 2010, S. 572.

304 Vgl. Stock-Homburg, Ruth: Personalmanagement, 2. Aufl., Wiesbaden 2010, S. 573f.

Eine dritte Möglichkeit, um positiven Einfluss auf die Motivation und zugleich auf das Verhalten seiner Mitarbeiter zu nehmen, besteht darin, diese direkt oder über Vertreter in Entscheidungsprozesse einzubeziehen und somit eine Mitbestimmung einzuräumen. Das Leistungsspektrum sowie die vorhandenen Fähigkeiten der Beschäftigten werden dabei optimal ausgeschöpft, was sich zugunsten der Arbeitszufriedenheit auswirkt.[305]

Auch in die Gestaltung des Arbeitsplatzes sollten die Mitarbeiter einbezogen werden, um deren Bedürfnissen gerecht zu werden und zufriedenstellende Arbeitsbedingungen zu schaffen.[306] So haben Befragungen und Experimente von und mit Büroangestellten ergeben, dass sich die Arbeitsproduktivität etwa um ein Drittel durch die Mitsprache bei der Ausstattung der eigenen Büroräume erhöht. Selbst persönliche Gegenstände, wie Fotos oder Grünpflanzen führten schon zu einer Steigerung von 17 Prozent.[307]

3.3.2 Work-Life-Balance

Work-Life-Balance ist der Oberbegriff für sämtliche Maßnahmen, die einem Unternehmen zur Verfügung stehen, um berufliche und familiäre Aspekte noch besser zu verbinden.

Dabei bringt deren Einsatz sowohl Vorteile für die Beschäftigten als auch für den Betrieb. So wird die Arbeitszufriedenheit und somit die Produktivität der Mitarbeiter gesteigert, was wiederum mit einer Kostensenkung für das Unternehmen verbunden ist. Weitere Ziele bestehen u.a. darin, Fehlzeiten zu minimieren, dafür Sorge zu tragen, dass gut ausgebildete Arbeitskräfte dem Unternehmen erhalten bleiben bzw. dass ein externes Interesse für die Firma geweckt wird. Vor allem soll Eltern-

---

305 Vgl. Lexikon der Betriebswirtschaft, hrsg. von Jean-Paul Thommen, 4. Aufl., Zürich 2008., S. 496f in Verbindung mit vgl. Stock-Homburg, Ruth: Personalmanagement, 2. Aufl., Wiesbaden 2010, S. 574f.

306 Vgl. Wöhe, Günter: Einführung in die Allgemeine Betriebswirtschaftslehre, 22. Aufl., München 2005, S. 167.

307 Vgl. Wüstenhagen, Claudia: Deko bringt mehr Leistung, in: Zeit Wissen, Heft 06 (2010), S. 93.

teilen der Wiedereinstieg nach der Babypause erleichtert werden.[308]

Die zahlreichen Instrumente lassen sich in zwei Bereiche einteilen. Zum einen gilt es entsprechende Rahmenbedingungen zu schaffen, die es sowohl zeitlich als auch räumlich ermöglichen, Arbeit und private Angelegenheiten besser miteinander zu verbinden. Zum anderen können Sonderleistungen angeboten werden, um den Mitarbeitern die Bewältigung familiärer Verpflichtungen zu erleichtern. Somit wird die Möglichkeit geschaffen, sich in höherem Maße auf die Arbeit zu konzentrieren.[309]

Im Rahmen einer Befragung gaben nahezu alle Firmen an, Maßnahmen zur Flexibilisierung der Arbeitsorganisation anzubieten. Daher soll unter Punkt *3.3.2.1* eine eingehendere Betrachtung ausgewählter Instrumente erfolgen. Ein Großteil der Unternehmen bediene sich zudem spezieller Unterstützungsangebote für Mitarbeiter mit Kindern, insbesondere nach der Elternzeit, um ihnen den Wiedereinstieg ins Berufsleben zu erleichtern.[310] So kann eine Maßnahme darin bestehen, freigestellte Mitarbeiter kontinuierlich über alle relevanten Veränderungen im Unternehmen zu benachrichtigen. Weiterhin ist eine allmähliche Steigerung der Arbeitszeit möglich, um wieder langsam in den Berufsalltag hineinzufinden.[311] Ebenso kann die Betreuung im betriebseigenen Kindergarten oder bei Tagesmüttern sichergestellt werden. Familienservices, wie etwa finanzielle Hilfen oder rechtliche Beratungsangebote, kommen hingegen

308 Vgl. Stock-Homburg, Ruth: Personalmanagement, 2. Aufl., Wiesbaden 2010, S. 789f.

309 Vgl. Stock-Homburg, Ruth: Personalmanagement, 2. Aufl., Wiesbaden 2010, S. 790f.

310 Vgl. Stock-Homburg, Ruth, nach Flüter-Hoffmann, C./Seyda, S. (2006): Personalmanagement, 2. Aufl., Wiesbaden 2010, S. 791.

311 Vgl. Stock-Homburg, Ruth, nach Flüter-Hoffmann, C./Seyda, S. (2006): Personalmanagement, 2. Aufl., Wiesbaden 2010, S. 796.

noch eher selten zum Einsatz.[312] Vergleiche hierzu Punkt 3.2.2 *Zusatzleistungen.*

Um auch nach außen seine familienfreundliche Unternehmenspolitik sichtbar zu machen, können Firmen ihre angebotenen Maßnahmen im Rahmen eines Auditierungsverfahrens durch eine unabhängige Stelle, wie beispielsweise der Hertie-Stiftung[313], zertifizieren lassen.[314]
Das Interesse deutscher Arbeitgeber an einer familienbewussten Personalpolitik gewinnt zunehmend an Bedeutung. Im Jahr 2008 waren es bereits mehr als 600 Unternehmen, Institutionen und Hochschulen, die bereits Unterstützungsangebote in Anspruch nahmen, um ihre Maßnahmen zur Vereinbarkeit von Beruf und Familie zu verbessern.[315] Aktuell sind es bereits rund 1000.[316]
Die zertifizierten Unternehmen zeigen, dass Erfolg Familienbewusstsein nicht ausschließt. Ganz im Gegenteil, die höhere Zufriedenheit der Mitarbeiter durch das Berücksichtigen derer

---

312 Vgl. Stock-Homburg, Ruth, nach Flüter-Hoffmann, C./Seyda, S. (2006): Personalmanagement, 2. Aufl., Wiesbaden 2010, S. 791.

313 Um nähere Informationen zur Hertie-Stiftung in Erfahrung zu bringen, eignet sich deren offizielle Internetseite: Gemeinnützige Hertie-Stiftung, Finke, Claudia/Jacobi, Carmen: Wir über uns, in: http://www.ghst.de/wir-ueber-uns/, ohne Angaben. (Stand: 01.08.2011)

314 Vgl. Stock-Homburg, Ruth: Personalmanagement, 2. Aufl., Wiesbaden 2010, S. 789.

315 Vgl. o. V.: Pressemitteilung-10. Zertifikatsverleihung zum audit berufundfamilie:

Mehr als 600 Unternehmen, Institutionen und Hochschulen in Deutschland tragen bereits das Markenzeichen der Familienfreundlichkeit, in: http://www.reha-vita.de/downloads/rv/pm_zertifizierung_berufundfamilie.pdf, Juni 2008. (Stand: 28.08.2011)

316 Vgl. berufundfamilie gGmbH eine Initiative der Gemeinnützigen Hertie-Stiftung: Die Vorreiter einer familienbewussten Personalpolitik in Deutschland: 265 Arbeitgeber werden in Berlin mit dem Zertifikat zum audit berufundfamilie ausgezeichnet, in: http://www.beruf-und-familie.de/index.php?c=37&sid=&cms_det=884, ohne Angaben. (Stand: 28.08.2011)

Bedürfnisse trägt entscheidend zum Unternehmenserfolg bei und räumt zugleich Wettbewerbsvorteile ein.[317]

Im Mai 2011 erhielten 265 Arbeitgeber ihre Zertifikate. Knapp 100 davon durchliefen das Audit schon zum zweiten, 19 zum dritten und sechs sogar zum vierten Mal.[318]
Dies zeigt das langfristige Interesse der Firmen an einer familienfreundlichen Personalpolitik und gewährleistet somit eine stetige Verbesserung der Maßnahmen. Das positive Unternehmensimage verfestigt sich und lockt qualifizierte Arbeitskräfte an. Dienstausfälle werden seltener.
Vor allem Maßnahmen zur Flexibilisierung der Arbeitsorganisation werden von den Familien als besonders wertvoll erachtet.[319]

3.3.2.1 Flexibilisierung der Arbeitsorganisation

Um den Mitarbeitern die Vereinbarkeit von Beruf und Familie zu erleichtern und somit Müttern mehr Karrierechancen und Vätern mehr Zeit mit der Familie einzuräumen, stehen den Un-

---

317 Vgl. o. V.: Pressemitteilung-10. Zertifikatsverleihung zum audit berufundfamilie: Mehr als 600 Unternehmen, Institutionen und Hochschulen in Deutschland tragen bereits das Markenzeichen der Familienfreundlichkeit, in: http://www.reha-vita.de/downloads/rv/pm_zertifizierung_berufundfamilie.pdf, Juni 2008. (Stand: 28.08.2011)

318 Vgl. berufundfamilie gGmbH eine Initiative der Gemeinnützigen Hertie-Stiftung: Die Vorreiter einer familienbewussten Personalpolitik in Deutschland: 265 Arbeitgeber werden in Berlin mit dem Zertifikat zum audit berufundfamilie ausgezeichnet, in: http://www.beruf-und-familie.de/index.php?c=37&sid=&cms_det=884, ohne Angaben. (Stand: 28.08.2011)

319 Vgl. o. V.: Pressemitteilung-10. Zertifikatsverleihung zum audit berufundfamilie:

Mehr als 600 Unternehmen, Institutionen und Hochschulen in Deutschland; Vgl. Ulich, Eberhard: Arbeitspsychologie, 6. Aufl., Zürich/Stuttgart 2005., S. 511.

tragen bereits das Markenzeichen der Familienfreundlichkeit, in: http://www.reha-vita.de/downloads/rv/pm_zertifizierung_berufundfamilie.pdf, Juni 2008. (Stand: 28.08.2011)

ternehmen vielfältige Instrumente zur Flexibilisierung der Arbeitszeit sowie des Arbeitsortes zur Verfügung.[320]

Beispielsweise bieten Gleitzeitmodelle den Mitarbeitern die Möglichkeit, ihre Arbeitszeit außerhalb der Kernzeiten, in denen alle Arbeitnehmer Anwesenheitspflicht haben, selbst zu bestimmen, um etwa Verkehrsspitzen bei der An- und Abfahrt zur bzw. von der Arbeitsstätte zu umgehen.[321]
Beispielsweise kann innerhalb einer festgelegten Rahmenarbeitszeit von 40 Stunden pro Woche und einer festgelegten Kernzeit von 10 bis 15 Uhr, selbst über Arbeitsbeginn und Arbeitsende entschieden werden. Dabei können Stunden, die über diesen Rahmen hinaus gehen, in die nächste Periode übertragen werden und im Falle geringen Arbeitsaufkommens in Form von Freizeit abgegolten werden.[322]
Diese Form der Arbeitszeitflexibilisierung wird vor allem im öffentlichen Dienst gern praktiziert und erfreut sich einer hohen Beliebtheit bei den Beschäftigten.[323]

Die variable oder auch flexible Arbeitszeit, als Weiterentwicklung der Gleitzeit[324], schafft durch das Auflösen von Kernarbeitszeiten ein höheres Maß an Selbstbestimmung bei der Arbeitszeiteinteilung. Dazu müssen die Mitarbeiter jedoch in der Lage sein erfolgsorientiert, verantwortungsbewusst und eigenständig zu handeln, um den geforderten Unternehmenszielen gerecht zu werden.[325]

---

320 Vgl. Stock-Homburg, Ruth: Personalmanagement, 2. Aufl., Wiesbaden 2010, S. 792.

321 Vgl. Schneider, Hans J./Klaus, Hans (Hrsg.): Mensch und Arbeit, 11. Aufl., Düsseldorf 2008, S. 422.

322 Vgl. Jung, Hans: Personalwirtschaft, 8. Aufl., München 2008, S. 229 in Verbindung mit vgl. Lindemann, Viola: Flexible Gestaltung von Arbeitsbedingungen nach der Schuldrechtsreform, Bd. 42, Köln 2003, S. 299.

323 Vgl. Schneider, Hans J./Klaus, Hans (Hrsg.): Mensch und Arbeit, 11. Aufl., Düsseldorf 2008, S. 422.

324 Vgl. Schneider, Hans J./Klaus, Hans (Hrsg.): Mensch und Arbeit, 11. Aufl., Düsseldorf 2008, S. 423.

325 Vgl. Gutmann, Joachim/Hüsgen, Jens: Flexible Arbeitszeit, Planegg 2005, S. 43.

Voraussetzung für diese Art der Arbeitszeitflexibilisierung ist zudem die Bildung von Arbeitsgruppen. Diese müssen sich über die Absicherung von Dienst-, Pausen- sowie Urlaubszeiten untereinander verständigen und nach Absprache verteilen, um die anfallenden Arbeitsaufgaben gemäß den Erwartungen erledigen, die geforderten Servicezeiten anbieten und beispielsweise der Forderung nach Mindestbesetzung gerecht werden zu können.[326]
Die Übertragung organisatorischer Aufgaben auf die Beschäftigten verschafft der Führungskraft mehr Zeit für andere Aufgabenbereiche. Jedoch kann das hohe Maß an Autonomie auch zu Problemen führen. So kann es etwa dazu kommen, dass Mitarbeiter die innerhalb der Gruppe eine eher untergeordnete Position einnehmen, häufiger zu unbeliebteren Zeiten arbeiten müssen. Dann kann die Motivation leiden.[327]
Zum Einsatz kommt die variable Arbeitszeit bisher bei Versicherungen, Banken oder dem öffentlichen Dienst, ist insgesamt jedoch noch eher selten die Praxis.[328]
Die Vorteile bestehen darin, dass die Angestellten nur im Bedarfsfall ihrer Tätigkeit nachgehen müssen. Somit kommt es nicht zu unnötig produzierten Überstunden, wie beispielsweise bei Arbeitszeitmodellen mit vorgegebenen Kernarbeitszeiten. Diese Variante ist zudem mit den unterschiedlichsten Arbeitszeitverträgen und den individuellen familiären Verpflichtungen kompatibel.[329]

Bei dem Modell der Vertrauensarbeitszeit entfällt, im Gegensatz zu den bereits vorgestellten Arbeitszeitmodellen, die Zeiterfassung durch Arbeitszeitkonten bzw. wird auf eine Auswertung verzichtet. Die Arbeitszeit wird innerhalb der Gruppe

---

326 Vgl. Stock-Homburg, Ruth: Personalmanagement, 2. Aufl., Wiesbaden 2010, S. 792.; Vgl. Schneider, Hans J./Klaus, Hans (Hrsg.): Mensch und Arbeit, 11. Aufl., Düsseldorf 2008, S. 423.; Vgl. Gutmann, Joachim/Hüsgen, Jens: Flexible Arbeitszeit, Planegg 2005, S. 43f.;

327 Vgl. Gutmann, Joachim/Hüsgen, Jens: Flexible Arbeitszeit, Planegg 2005, S. 44f.

328 Vgl. Stock-Homburg, Ruth: Personalmanagement, 2. Aufl., Wiesbaden 2010, S. 792.; Vgl. Gutmann, Joachim/Hüsgen, Jens: Flexible Arbeitszeit, Planegg 2005, S. 43.

329 Vgl. Schneider, Hans J./Klaus, Hans (Hrsg.): Mensch und Arbeit, 11. Aufl., Düsseldorf 2008, S. 423.

festgelegt und durch den Mitarbeiter selbst vermerkt. Es gibt keine Kernzeiten. Der Arbeitszeitrahmen ist flexibler gestaltet. Die Übertragung der Arbeitszeit unterliegt gelockerten Bestimmungen und der Ausgleich muss eigenverantwortlich geschehen.
In der Praxis kommt diese Variante beispielsweise in Medienunternehmen oder dem öffentlichen Dienst zum Einsatz.[330] Besonders bei Mitarbeitern die leistungsbezogen vergütet werden, findet die Vertrauensarbeitszeit Anwendung.[331]

Unter Job-Sharing als weitere Flexibilisierungsmaßnahme der Arbeitszeit, versteht man die Aufteilung einer Arbeitsstelle unter verschiedenen Personen.[332] Meist erfolgt die Splittung einer Vollzeitstelle auf zwei Angestellte oder von zwei Stellen auf drei Mitarbeiter. Die Arbeitnehmer bestimmen hierbei eigenverantwortlich innerhalb der Gruppe über ihren Einsatz. Durch die flexible Beschäftigung im Hinblick auf Arbeitszeit und Dauer im vorgegebenen Rahmen, besteht die Möglichkeit, private Angelegenheiten besser zu koordinieren.[333]

Die höhere Selbstverantwortung durch die Mitbestimmungsmöglichkeit bei der Arbeitszeiteinteilung führt zu einer höheren Arbeitszufriedenheit sowie zu einer Motivationssteigerung. Zudem konnte durch eine groß angelegte Studie mit rund 16.600 Teilnehmern ermittelt werden, dass die Menschen mit flexibler Zeiteinteilung physisch und psychisch gesünder sind. So schliefen die Mitarbeiter länger, sie erkrankten seltener, waren in einer stabileren seelischen Verfassung und hatten bessere Blutdruckwerte, als ihre Kollegen mit fest vorgegebenen Arbeitszeiten. Gerade Arbeitnehmer die sukzessive aus dem Erwerbsleben aussteigen konnten, kamen im Gegensatz zu Kolle-

330 Vgl. Stock-Homburg, Ruth: Personalmanagement, 2. Aufl., Wiesbaden 2010, S. 792f.

331 Vgl. Schneider, Hans J./Klaus, Hans (Hrsg.): Mensch und Arbeit, 11. Aufl., Düsseldorf 2008, S. 424.

332 Vgl. Jung, Hans: Personalwirtschaft, 8. Aufl., München 2008, S. 67.

333 Vgl. Stock-Homburg, Ruth: Personalmanagement, 2. Aufl., Wiesbaden 2010, S. 794.

gen, die von einem Tag zum anderen in Rente gingen, wesentlich schneller mit der veränderten Situation zurecht.[334]

Eine häufig zum Einsatz kommende Flexibilisierungsmöglichkeit des Arbeitsortes[335], welche die Vereinbarkeit von Beruf und Familie besonders begünstigen soll, stellt die Telearbeit dar.[336] Durch die Bereitstellung elektronischer Kommunikationsmittel, wie etwa Telefon und Computer mit Internetzugang, wird Mitarbeitern eine Anbindung an das zentrale Büro und somit die Heimarbeit ermöglicht. Oftmals steht den Beschäftigten zusätzlich ein Firmenarbeitsplatz zur Verfügung, der eine Kombination beider Arbeitsweisen möglich macht und so weiterhin die Kontaktpflege zu Kollegen und Vorgesetzten erlaubt.[337]

Die Telearbeit bringt zahlreiche Vorteile für die Familien mit sich. So können sich die Arbeitnehmer ihre Arbeitszeit sowie ihre Arbeitsaufgaben, entsprechend ihrer persönlichen Bedürfnisse, frei einteilen. Dies ermöglicht mehr Zeit für die Familie, da diese im richtigen Moment vorhanden ist. Beispielsweise kann während der Betreuung des Nachwuchses im Kindergarten gearbeitet werden, um nach den Betreuungszeiten ausreichend Zeit für das Kind zu haben.
Selbst teils fixe Ansprechzeiten können durch Vereinbarungen mit Vorgesetzten und Kollegen oder durch Kommunikationstechnologien, wie E-Mail oder Anrufbeantworter, gut mit familiären Verpflichtungen vereinbart werden. So stellt die kurze Abwesenheit von zu Hause, im Falle privater Belange, kein großes Problem mehr dar.

---

334 Vgl. Flüter-Hoffmann, Christiane: Flexible Arbeitszeiten halten gesund, in: http://www.openpr.de/news/415560/Flexible-Arbeitszeiten-halten-gesund.html, März 2010. (Stand: 01.09.2011)

335 Vgl. Stock-Homburg, Ruth: Personalmanagement, 2. Aufl., Wiesbaden 2010, S. 796.

336 Vgl. Weisheit, Jürgen: Alternierende Telearbeit und Vereinbarkeit von Beruf und Familie, in: Knauth, Peter (Hrsg.): Erfolgsfaktor familienbewusste Personalpolitik, Bd. 16, Frankfurt am Main 2000, S. 73.

337 Vgl. Stock-Homburg, Ruth: Personalmanagement, 2. Aufl., Wiesbaden 2010, S. 796f.

Allerdings erfordert die freie Zeiteinteilung auch ein hohes Maß an Selbstdisziplin und die Fähigkeit, seine Zeit optimal einzuteilen, um die zu erledigenden Arbeitsaufgaben in angemessener Zeit bewältigen zu können. Besonders deshalb ist es notwendig, Beruf und Familie klar voneinander zu trennen. Auch ausreichend Erholungsphasen müssen in den Tagesverlauf eingebaut werden. Probleme können zudem aus einer schwankenden Arbeitslage des Unternehmens her resultieren. So geht eine erhöhte Auftragslage mit einer Steigerung des Arbeitspensums einher. Lange Arbeitszeiten, Überstunden, Arbeit in den späten Abendstunden oder auch Wochenendarbeit behindern dann unter Umständen die Vereinbarkeit mit familiären Belangen.
Anlaufschwierigkeiten können zu Problemen führen. Störungsfreie Arbeit kann jedoch durch das Einrichten eines separaten Heimbüros begünstigt werden, denn durch die Abgrenzung von Arbeit und Privatleben können sich alle Familienmitglieder schneller an die neue Arbeitssituation gewöhnen.
Die Telearbeit wird zum Großteil positiv bewertet. So nehmen Zufriedenheit, Produktivität und Motivation der Arbeitnehmer zu. Vor allem die Möglichkeit zur Kinderbetreuung und der bessere Bezug zu den Kindern werden als besonders vorteilhaft bewertet. Arbeit, Erziehung und familiäre Verpflichtungen lassen sich laut zahlreicher Studien besser vereinbaren. Elternteile, die nach der Geburt ihres Kindes in Elternzeit gehen, haben durch die Möglichkeit zu Telearbeit, nicht länger Auswirkungen auf ihre berufliche Laufbahn zu befürchten, da Qualifikationen und die Bindung zum Unternehmen nicht verloren gehen.[338]

3.3.2.2 Work-Life-Balance am Beispiel der Reha Vita GmbH Cottbus

Die Reha Vita GmbH Cottbus als eines der modernsten medizinischen Dienstleistungsunternehmen unserer Region erreichte als eines der ersten zehn Unternehmen des Landes Branden-

---

338 Vgl. Weisheit, Jürgen: Alternierende Telearbeit und Vereinbarkeit von Beruf und Familie, in: Knauth, Peter (Hrsg.): Erfolgsfaktor familienbewusste Personalpolitik, Bd. 16, Frankfurt am Main 2000, S. 74-78.

burg die Zertifizierung als menschlicher und familienfreundlicher Arbeitgeber. Das Zertifikat wurde am 30. Juni 2008 feierlich in Berlin überreicht.[339]

Die Einrichtung bietet seit seiner Eröffnung im September 1998 ein umfassendes Leistungsangebot[340] in den Bereichen Therapie, Training und Wellness.[341] Das breite Leistungsspektrum ermöglicht eine auf den Kunden bzw. Patienten exakt zugeschnittene Behandlung sowie Betreuung. Zudem sorgt die stetige Personalentwicklung für Kompetenz und Kundenorientierung.
Die Reha Vita GmbH bietet seinen Mitarbeitern einen sicheren und attraktiven Arbeitsplatz.[342]
Um die familienbewusste Personalpolitik langfristig zu erhalten und auszubauen nutzt es das „audit berufundfamilie“ der gleichnamigen gGmbH.[343] Dieses versteht sich als strategisches Managementinstrument, welches die vorhandenen Potentiale des Unternehmens begutachtet und ergänzend, individuelle Lösungen zur besseren Vereinbarkeit von Beruf und Familie anbietet.[344]

---

339 Vgl. Reha Vita GmbH Klinik für Gesundheit und Sport, Seifert, Christian: beruf und Familie, in: http://www.reha-vita.de/rv_beru fundfamilie.html, aktueller Stand: 24.08.2011. (Stand: 28.08.2011)

340 Detailierte Informationen zum Leistungsprofil erhält man auf der Internetseite der Reha Vita GmbH (Reha Vita GmbH Klinik für Gesundheit und Sport, Seifert, Christian: Startseite-Herzlich Willkommen bei Reha Vita, in: http://www.reha-vita.de/index.html, aktueller Stand: 24.08.2011. (Stand: 29.08.2011)

341 Vgl. Reha Vita GmbH, Redaktion: Rönisch, Mario: Präventionskurse, 2. Halbjahr 2011.

342 Vgl. Reha Vita GmbH Klinik für Gesundheit und Sport, Seifert, Christian: Firmenphilosophie, in: http://www.reha-vita.de/rv_fir menphilosophie.html, aktueller Stand: 24.08.2011. (Stand: 29.08. 2011)

343 Vgl. Reha Vita GmbH Klinik für Gesundheit und Sport, Seifert, Christian: beruf und Familie, in: http://www.reha-vita.de/rv_beru fundfamilie.html, aktueller Stand: 24.08.2011. (Stand: 28.08.2011)

344 Vgl. berufundfamilie gGmbH eine Initiative der Gemeinnützigen Hertie-Stiftung: Beruf und Familie. Ein Mehrwert für alle, in: http://www.beruf-und-familie.de/system/cms/data/dl_data/4f0

Bereits praktizierte Maßnahmen der Arbeitsorganisation sind u.a. die Auflösung starrer Zeitvorgaben durch ein Arbeitszeitkonto, verschiedene Teilzeitmodelle, etwa der langsame Einstieg nach der Elternzeit und flexible Pausenzeiten.
Regelmäßige Betriebsfeste sowie Sportangebote, an denen die Mitarbeiter samt ihren Familienangehörigen teilnehmen können, sollen für Zufriedenheit und eine stärkere emotionale Bindung an den Arbeitsplatz sorgen.
Desweiteren sind Geldgeschenke zur Geburt eines Kindes und zur Hochzeit selbstverständlich, ebenso wie familienfreundliche Urlaubsregelungen, die garantierte Betreuung der Kinder im benachbarten Kindergarten oder auch die Unterstützung bei privaten Problemen.[345]

Angestrebte Maßnahmen sind beispielsweise der Kinderbetreuungszuschuss von 50 Euro pro Monat für jedes Kind bis zur Einschulung. Momentan würde das 18 Kinder der Mitarbeiter betreffen. Zudem möchte das Unternehmen seinen Beschäftigten in Zukunft zinsvergünstigte Darlehen anbieten können und auch außerhalb der regulären Betreuungszeiten der Kindertagesstätte eine Betreuung ermöglichen.[346]

Die Zufriedenheit der Mitarbeiter hat oberste Priorität, denn sie ist laut der Geschäftsführung der entscheidende Erfolgsfaktor des Unternehmens.[347]
Denn nur wenn sich die Mitarbeiter wohl fühlen, können sie ihre gesamte Energie für die Patienten bzw. Kunden aufwenden.[348]

---

b887a622002bbedf899d2812998b0/broschuere_berufundfamilie.pdf, Mai 2010, S. 4. (Stand: 28.08.2011)

345 Vgl. Reha Vita GmbH Klinik für Gesundheit und Sport, Seifert, Christian: beruf und Familie, in: http://www.reha-vita.de/rv_berufundfamilie.html, aktueller Stand: 24.08.2011. (Stand: 28.08.2011)

346 Vgl. Reha Vita GmbH Klinik für Gesundheit und Sport, Seifert, Christian: beruf und Familie, in: http://www.reha-vita.de/rv_berufundfamilie.html, aktueller Stand: 24.08.2011. (Stand: 28.08.2011)

347 Vgl. Reha Vita GmbH Klinik für Gesundheit und Sport, Seifert, Christian: Auszeichnungen, in: http://www.reha-vita.de/rv_auszeichnungen.html, aktueller Stand:08.08.2011. (Stand: 30.08.2011)

348 Vgl. Reha Vita GmbH Klinik für Gesundheit und Sport, Seifert, Christian: Qualitätsmanagement-Mitarbeiterbefragungen, in: http:

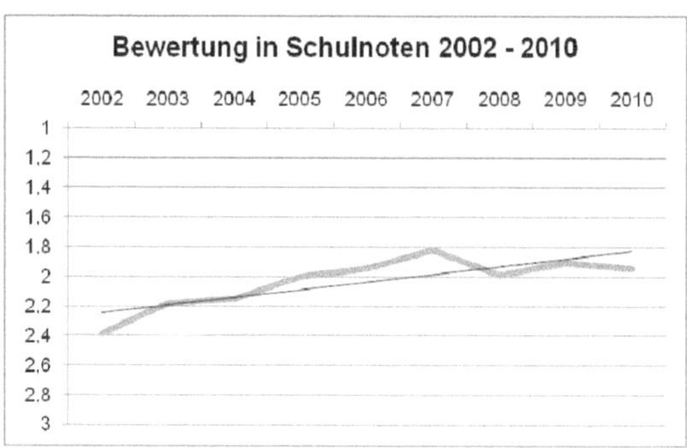

Abb. 2: Mitarbeiterbefragung - Gesamtzufriedenheit mit dem Arbeitgeber Reha Vita[349]

Die dickere Linie ergibt sich hierbei aus den Mittelwerten aller Befragungsnoten ausgehend vom Jahr 2002 bis zum Jahr 2010. Die dünnere Trendlinie zeigt eine kontinuierliche Erhöhung der Mitarbeiterzufriedenheit. Noch zu Beginn der Befragungsreihe lag die Gesamtbenotung bei 2,39. Bei der bisher letzten Befragung 2010 konnte die Note 1,94 erzielt werden.

Das Unternehmen hat in den Jahren zunehmend an Attraktivität für die Arbeitnehmer gewonnen.

Dennoch wird deutlich, dass stets an einer Verbesserung der Arbeitsbedingungen im Unternehmen sowie der Maßnahmen zur Vereinbarung von Beruf und Familie gearbeitet werden muss, damit das momentane Niveau gehalten werden und noch eine weitere positive Entwicklung verzeichnet werden kann.

Fundiert wird diese positive Entwicklung zudem durch die zahlreichen Auszeichnungen[350], die das Unternehmen im Laufe

---

//www.reha-vita.de/rv_quali_mitarb_befragung.html, aktueller Stand: 08.08.2011. (Stand: 30.08.2011)

349 Eigendarstellung nach: Reha Vita GmbH Klinik für Gesundheit und Sport, Seifert, Christian: Qualitätsmanagement-Mitarbeiterbefragungen, in: http://www.reha-vita.de/rv_quali_mitarb_befragung.html, aktueller Stand: 08.08.2011. (Stand: 30.08.2011)

der Jahre erhalten hat. So wurde Reha Vita im Jahr 2008 und nochmals im Jahr 2010 die Urkunde als "Familienfreundliches Unternehmen der Stadt Cottbus", für seine Aktivitäten zur Vereinbarkeit von Beruf und Familie, durch das lokale Bündnis für Familie[351] und den Oberbürgermeister der Stadt Cottbus verliehen.[352]
Die Reha Vita GmbH zählt laut dem bundesweiten Great Place to Work® Wettbewerb „Beste Arbeitgeber im Gesundheitswesen 2009" zu den 100 beliebtesten Arbeitgebern in Deutschland. Das Unternehmen erreichte Platz vier in der Kategorie bis 500 Mitarbeiter und schnitt somit insgesamt als beste Gesundheitseinrichtung der neuen Bundesländer und zugleich als bester Neueinsteiger ab.[353]
Im Januar 2011 wurden die Geschäftsführer des Unternehmens, Annett und Christian Seifert, für ihre herausragende Unter-

---

350 Einen Überblick der bisherigen Auszeichnungen des Unternehmens bietet folgende Internetseite: Reha Vita GmbH Klinik für Gesundheit und Sport, Seifert, Christian: Auszeichnungen, in: http://www.reha-vita.de/rv_auszeichnungen.html, aktueller Stand: 08.08.2011. (Stand: 30.08.2011)

351 Das 2005 gegründete Netzwerk hat es sich zur Aufgabe gemacht, die Stadt Cottbus und das Umland als Arbeits- und Lebensumfeld für die Bevölkerung attraktiver zu gestalten, um so die Abwanderung, vor allem von jungen Menschen und Familien, aus der Region zu verringern. Somit soll die Zukunft des Wirtschafts- und Wissenschaftsstandortes Cottbus als lebendige und familienfreundliche Stadt gesichert werden. Der Oberbürgermeister der Stadt Cottbus Herr Frank Szymanski ist Schirmherr des „Lokalen Bündnisses für Familie" Cottbus. (Vgl. Szymanski, Frank: Lokales Bündnis für Familie, in: http://www.cottbus.de/buerger/leben/soziales/engagement/lokales_buendnis_fuer_familie,255032465.html, ohne Angaben. (Stand: 30.08.2011))

352 Vgl. Reha Vita GmbH Klinik für Gesundheit und Sport, Seifert, Christian: Auszeichnungen, in: http://www.reha-vita.de/rv_auszeichnungen.html, aktueller Stand: 08.08.2011. (Stand: 30.08.2011)

353 Vgl. Reha Vita GmbH Klinik für Gesundheit und Sport, Seifert, Christian: Qualitätsmanagement - Bester Arbeitgeber, in: http://www.reha-vita.de/rv_bester_ag.html, aktueller Stand: 08.08.2011. (Stand: 30.08.2011)

nehmensführung in der Ehrenchronik der Stadt Cottbus verewigt.[354]
Auch der im Jahr 2010 verliehene Qualitätspreis Berlin-Brandenburg, mit dem das Unternehmen schon 2006 für besondere Leistungen im Qualitätsmanagement ausgezeichnet wurde, lässt die Schlussfolgerung zu, dass durchstrukturierte Prozessabläufe, hoch qualifiziertes Personal und das Bemühen um stetige Verbesserung dem Unternehmen zum Erfolg verhelfen.[355]
Die daraus erwachsene Mitarbeitermotivation zieht eine Verbesserung der Kundenzufriedenheit nach sich. Bekräftigt wird dies durch die rund 96 prozentige Weiterempfehlungsquote der 166 befragten Patienten im zweiten Quartal 2011.[356]

3.3.3 Personalentwicklung

Unter dem Begriff der Personalentwicklung werden sämtliche Maßnahmen zur Qualifikationsvermittlung zusammengefasst. Es gilt, das momentane sowie das zukünftige Leistungsniveau der in einem Unternehmen arbeitenden Personen auszubauen und deren berufliche Entwicklung zu fördern.[357]
Die Möglichkeit zu bzw. die Anordnung von entsprechenden Fortbildungsmaßnahmen wirkt sich positiv auf die Kompetenzen eines Mitarbeiters aus. Dieser erweiterte Bildungsstand führt zu einer Steigerung der Arbeitszufriedenheit sowie der Motivation.[358] Denn ist ein Mensch auf einem Gebiet besonders

354 Vgl. Reha Vita GmbH Klinik für Gesundheit und Sport, Seifert, Christian: Auszeichnungen, in: http://www.reha-vita.de/rv_auszeichnungen.html, aktueller Stand: 08.08.2011. (Stand: 30.08.2011)

355 Vgl. Reha Vita GmbH Klinik für Gesundheit und Sport, Seifert, Christian: Qualitätsmanagement - Qualitätspreis 2010, in: http://www.reha-vita.de/rv_qualipreis_2010.html, aktueller Stand: 08.08.2011. (Stand: 30.08.2011)

356 Vgl. Reha Vita GmbH Klinik für Gesundheit und Sport, Seifert, Christian: Rehafragebogen-Punkt 9: Würden Sie Reha Vita an Freunde und Bekannte weiterempfehlen?, in: http://www.rehavita.de/downloads/rv/patientenbefragung_2_quartal_11_orthopaedie.pdf, Juni 2011. (Stand: 30.08.2011)

357 Vgl. Stock-Homburg, Ruth: Personalmanagement, 2. Aufl., Wiesbaden 2010, S. 204f.

358 Vgl. Comelli, Gerhard/von Rosenstiel, Lutz: Führung durch Motivation, 4. Auflage, München 2009, S. 32f.; Vgl. Laux, Helmut/

bewandert, wird er sein Wissen auch gern einsetzen oder Freude bei der Ausführung wohl beherrschter Tätigkeiten empfinden. Zielgerichtete Weiterbildungsangebote verhelfen somit zu einer Festigung bereits bestehender oder sogar zur Bildung neuer Motivziele. Beispielsweise wird ein erfolgreich belegter Sprachkurs, der für die momentane Berufsposition nützlich ist, den Arbeitnehmer zum Sprechen der erlernten Sprache anregen.
So werden auch erworbene Computerkenntnisse zu einer praktischen Anwendung animieren.[359]
Den Mitarbeitern bietet sich die Möglichkeit, Selbstentfaltungsbedürfnisse, wie etwa der Wunsch nach vergrößertem Verantwortungsspielraum oder einem erweiterten Aufgabengebiet, zu befriedigen. Die Aufhebung extremer Spezialisierung kann der Tätigkeit dauerhaft einen intrinsischen Belohnungseffekt verleihen[360] und wird beispielsweise durch Job Rotation, einem zeitlich befristeten Wechsel zwischen verschiedenen Arbeitsstellen, erreicht.[361] Es eröffnen sich vor allem Chancen für die berufliche Laufbahn des Einzelnen. Beispielhaft seien hier die Beförderung und das gesteigerte Interesse externer Arbeitgeber genannt. Nicht zu vernachlässigen ist der Aspekt, dass der Arbeitnehmer weiterhin von Bedeutung für sein Unternehmen bleibt und somit seine Beschäftigungsfähigkeit sichert.[362]

Es gilt jedoch zu beachten, dass dem Mitarbeiter Gelegenheiten eingeräumt werden müssen, in denen dieser die neu angeeigneten Kompetenzen ausüben kann. Findet dieser Aspekt keine

---

Liermann, Felix: Grundlagen der Organisation, 6. Aufl., Berlin/Heidelberg 2005, S. 503.

359 Vgl. Comelli, Gerhard/von Rosenstiel, Lutz: Führung durch Motivation, 4. Auflage, München 2009, S. 32f.

360 Vgl. Laux, Helmut/Liermann, Felix: Grundlagen der Organisation, 6. Aufl., Berlin/Heidelberg 2005, S. 503.

361 Vgl. Stock-Homburg, Ruth: Personalmanagement, 2. Aufl., Wiesbaden 2010, S. 242.

362 Vgl. Stock-Homburg, Ruth: Personalmanagement, 2. Aufl., Wiesbaden 2010, S. 210.

Beachtung, kann die Zufriedenheit leiden und Missmut die Folge sein.[363]
Hier existiert ein hohes Risiko für das Unternehmen, die Arbeitskraft an einen anderen Arbeitgeber zu verlieren.[364]
Die Aufgabe der Führungskräfte besteht daher darin, geeignete und wohl überlegte Maßnahmen zur Personalentwicklung einzusetzen um positiven Einfluss auf die Arbeitsmotivation zu nehmen.[365] Dann können Unternehmen die Attraktivität sowie die Produktivität ihrer Mitarbeiter erhöhen und Kosten, beispielsweise durch das Vermeiden falscher Entscheidungen, einsparen.[366]

Weiterbildungsmethoden gibt es viele.[367] Eine Befragung des Instituts der deutschen Wirtschaft Köln ergab, dass ca. 84 Prozent der Firmen in Deutschland Weiterbildungsmaßnahmen für sich nutzen. So beliefen sich die Kosten im Jahr 2004 in Summe bereits auf 26,8 Milliarden Euro, Tendenz steigend. Das sind durchschnittlich ca. 1.072 Euro je Mitarbeiter. Vor allem, um der immer niedriger werdenden Anzahl an Fachpersonal entgegenzuwirken, wird betriebliche Weiterbildung vermehrt eingesetzt. Rund 82 Prozent der deutschen Unternehmen setzen auf das Lernen in der Arbeitssituation. Hierbei erfolgt eine Vermittlung des Wissens innerhalb der Belegschaft, beispielsweise durch das Einarbeiten neuer Mitarbeiter, Schulungen am Arbeitsplatz oder Job-Rotation. Der hohe Nutzen und die im Gegensatz dazu geringen Kosten sprechen für diese Art der Weiterbildungsmöglichkeit.

---

363 Vgl. Comelli, Gerhard/von Rosenstiel, Lutz: Führung durch Motivation, 4. Auflage, München 2009, S. 33.; Vgl. Stock-Homburg, Ruth: Personalmanagement, 2. Aufl., Wiesbaden 2010, S. 210f.

364 Vgl. Stock-Homburg, Ruth: Personalmanagement, 2. Aufl., Wiesbaden 2010, S. 210.

365 Vgl. Comelli, Gerhard/von Rosenstiel, Lutz: Führung durch Motivation, 4. Auflage, München 2009, S. 32f.

366 Vgl. Stock-Homburg, Ruth: Personalmanagement, 2. Aufl., Wiesbaden 2010, S. 210.

367 Einen Überblick über die vielen verschiedenen Weiterbildungsmethoden sowie nähere Erläuterungen zu jeder einzelnen Maßnahme erhält man in: Stock-Homburg, Ruth: Personalmanagement, 2. Aufl., Wiesbaden 2010, S. 228-261.

Medien, wie Bücher, Zeitschriften oder Computerprogramme, kommen in 79,4 Prozent zum Einsatz. So sollen die Mitarbeiter sich eigenständig informieren und weiterbilden. An dritter Stelle stehen mit 75,7 Prozent Informationsveranstaltungen, wie Messen, Tagungen oder Vorträge. Die Mitarbeiter verschiedener Unternehmen treffen aufeinander, können Erfahrungen sowie Wissen austauschen und so ihren eigenen Kenntnisstand auffrischen. Übliche Weiterbildungsmaßnahmen sind des Weiteren Umschulungen und externe oder interne Lehrveranstaltungen, die meist in Form von Ein-Tages-Seminaren erfolgen.[368]

3.4 Die Wirkung von Motivationsinstrumenten

Die motivierende Wirkung materieller Anreize wird vermehrt in Frage gestellt. Es ist nicht eindeutig ersichtlich, in welchem Ausmaß diese die Leistungsbereitschaft von Menschen beeinflussen. So kann die Arbeitshandlung an sich schon Ansporn genug sein. Zur Diskussion steht, ob diese extrinsisch und intrinsisch wirkenden Motive eigenständig gesehen oder ob sie im Zusammenhang betrachtet werden müssen. Wird den beiden Motivarten eine Verbundenheit zuerkannt, könnten sie gemeinsam ihre Wirkung entfalten. Ein Beispiel wäre eine interessante Aufgabenverteilung als intrinsische Maßnahme und parallel dazu der Einsatz leistungsabhängiger Entgelte, welche extrinsisch motivieren sollen.

Werden die Anreizklassen unabhängig voneinander gesehen, gilt es zu hinterfragen, ob extrinsische Motive, die zur Aufnahme einer Arbeitsaufgabe geführt haben, in intrinsisch wirkende Motive umgewandelt werden können. Somit sollten auch Tätigkeiten, die aus innerem Antrieb heraus begonnen wurden, eine Veränderung durch äußere Anreize erfahren.

---

368 Vgl. Werner, Dirk: Trends und Kosten der betrieblichen Weiterbildung - Ergebnisse der IW-Weiterbildungserhebung 2005, in: http://www.iwkoeln.de/portals/0/PDF/trends01_06_2.pdf, Februar 2006. (Stand: 18.07.11)

Deci und Ryan[369] stützen die letztere Annahme in ihrer Selbstbestimmungstheorie und formulieren ihre gewonnenen Erkenntnisse folgendermaßen. Von außen gesetzte Anreize, wie materielle Belohnungen, die Androhung von Strafe, strenge Fristvorgaben oder auch aufgedrängte Zielbestimmungen, wirken kontrollierend und führen dadurch zu einer Verdrängung der intrinsischen Motivation. Werden hingegen externe Instrumente herangezogen, welche die Bereitschaft zu einer Handlung, beispielsweise durch Lob und Selbstbestimmung etwa in Form von vergrößerten Entscheidungsspielräumen, fördern, wirkt sich dies positiv auf die intrinsische Motivation aus. Diese bleibt länger konstant bzw. wird sogar noch erhöht, da die Anreize die Autonomie der Personen unterstützen.
Wird eine Motivierung aus dem Inneren heraus angestrebt, sollte der Schweregrad für die zu bearbeitenden Aufgaben auf die einzelne Person zugeschnitten sein. So darf diese weder unter- noch überfordert werden.
Rückmeldungen negativer Art müssen nicht zwangsläufig demotivierend wirken. Wird dabei aufgezeigt, wie Aufgaben das nächste Mal besser bewältigt werden können, kann das durchaus einen Ansporn für die Person darstellen, diese Hinweise beim zweiten Versuch in die Tat umzusetzen. Somit erhöht sich die intrinsische Motivation.[370]
Ähnliche Ansichten kommen auch in folgenden Argumentationen zum Tragen.
Materielle Maßnahmen, um die Motivation von Menschen, insbesondere von Arbeitskräften zu fördern, sind laut dem erfolgreichen Unternehmensberater Reinhard K. Sprenger[371] schlichtweg nutzlos und haben oftmals sogar gegenteilige Wirkung.

369 Edward L. Deci und Richard M. Ryan sind als Professoren im Bereich der Psychologie an der Universität in Rochester tätig. (Vgl. o. V.: Self-Determination Theory, in: http://www.psych.rochester.edu/SDT/, ohne Angaben. (Stand: 04.09.2011))

370 Vgl. Ridder, Hans-Gerd: Personalwirtschaftslehre, 3. Auflage, Stuttgart 2009, S. 273-276.

371 Reinhard K. Sprenger ist erfolgreicher Berater nahezu aller Dax-Unternehmen sowie angesehener Management-Autor. Bekannte Werke sind u.a. „Mythos Motivation", „Die Entscheidung liegt bei Dir" und „Vertrauen führt". (Vgl. Trenkamp, Oliver: Mitarbeiter-Motivation, Wieso Blackberrys und Bonusgehälter böse sind, in: http://www.spiegel.de/unispiegel/jobundberuf/0,1518,435875,00.html, September 2006. (Stand: 24.05.2011))

Eine Motivation von außen ist demnach von geringem Nutzen und wird oft überschätzt. Die Motivation muss weitreichender betrachtet werden. So bedeutet Motivieren nicht ausschließlich die Bereitschaft zur Leistungserbringung seiner Arbeitskräfte zu steigern. Die individuellen Gegebenheiten, d.h. Fähigkeiten und Fertigkeiten sowie Wissensstände der Mitarbeiter, aber auch die im Betrieb vorherrschenden Arbeitsumstände müssen berücksichtigt werden.[372] Dabei können beispielsweise Fortbildungsangebote eine Verbesserung der Leistungsfähigkeit bewirken und die Leistungsmöglichkeit wird zum Beispiel durch Arbeitsplatzgestaltungsmaßnahmen gefördert.[373]

Einschränkungen der drei sich beeinflussenden Faktoren führen dabei zu Leistungsminderungen seitens der Belegschaft, die nicht einfach durch materielle Maßnahmen bzw. Anreize der Führungsetage in eine alles übersteigende Arbeitswut umgewandelt werden können. Somit sind beispielsweise Betriebsausflüge zwar dem Betriebsklima dienlich, da die Zusammengehörigkeit gefördert wird, aber sie haben keinen besonderen Effekt auf die Arbeitsmotivation. Die Anerkennung guter Leistung in Form von Urkunden oder Auszeichnungen wirkt sich sogar negativ auf die Leistungsbereitschaft derer Arbeitskräfte aus, die nicht in den Genuss einer solchen Würdigung kommen.

Dies gilt auch für Sonderprämien wie Diensthandys, Organizer, Firmenwagen oder Laptops. Diese Belohnungen stehen vor dem eigentlichen Arbeitshandeln und zerstören somit nach und nach jeglichen Eigenantrieb.[374] Die gefühlte Autonomie des Mitarbeiters wird durch ein Überwachungsempfinden gestört und lässt ein Desinteresse an der Arbeitsaufgabe aufkommen. Wird nun die extrinsische Belohnung nicht fortwährend lukrativ aufrecht erhalten, kann es zu einer Verweigerung der Ar-

---

372 Vgl. Trenkamp, Oliver: Mitarbeiter-Motivation, Wieso Blackberrys und Bonusgehälter böse sind, in: http://www.spiegel.de/unispiegel/jobundberuf/0,1518,435875,00.html, September 2006. (Stand: 24.05.2011)

373 Vgl. Elias, Sabine, nach Wollert, A./ Bühl, G. (1983): Incentives und ihre Wirkung auf die Mitarbeiter, Berlin 2000, S. 29, Fußnote 149.

374 Vgl. Trenkamp, Oliver: Mitarbeiter-Motivation, Wieso Blackberrys und Bonusgehälter böse sind, in: http://www.spiegel.de/unispiegel/jobundberuf/0,1518,435875,00.html, September 2006. (Stand: 24.05.2011)

beitstätigkeit kommen.[375] So etwa bei der Übernahme eines ehrenvollen, öffentlichen Amtes, was vor Zahlung einer Prämie ausschließlich aus freiem Willen gewählt wurde. Kommt jedoch eine Anerkennung der genannten Form zum Einsatz, ist davon zumeist nicht mehr viel übrig, da diese etwa als zu gering eingestuft wird.[376]

Monetäre Anreize in Form von Sonderzahlungen bei Zielerlangung haben denselben Effekt. Zudem kommt es innerhalb der Belegschaft zu Konflikten, welche die Gruppendynamik schwächen oder sogar vollends ruinieren, da jeder Einzelne auf den Bonus aus ist. Dies wiederum wirkt sich negativ auf das gesamte Unternehmen aus. Eine harmonierende, sich ergänzende Arbeitnehmerschaft, die einst darauf bedacht war, ein gemeinsames Vorhaben erfolgreich umzusetzen, gehört der Vergangenheit an. Selbst Betrügereien sind dann keine Seltenheit.

Sprenger führt an, dass hingegen eine gemeinschaftliche Beteiligung am Unternehmenserfolg in Form von Sonderzahlungen für jeden einzelnen Mitarbeiter angemessen ist. Es wird deutlich, dass man Motivation nicht beherrschen, aber durchaus begünstigen kann.

Sprenger fügt abschließend hinzu, dass jeder Einzelne von uns keine Probleme mit seinem inneren Antrieb haben sollte, wenn er den richtigen, d.h. den für sich passenden Arbeitsplatz gefunden hat.[377]

Die vorangegangenen Annahmen sind nicht frei von Kritik. Es wird darauf hingewiesen, dass durch die vielen verschiedenen Betrachtungsweisen sowie Untersuchungsreihen keine allgemeingültige Aussage über die tatsächlichen Auswirkungen der Motivationsinstrumente getroffen werden kann. Daher findet eine Beanstandung von festgelegten Schlussfolgerungen, wie sie beispielsweise Deci und Ryan vornehmen, statt. Ob die Behauptungen des Selbstverwirklichungsmodells von Deci und Ryan gänzlich für das reale Arbeitsleben zutreffen, ist fraglich.

375 Vgl. Ridder, Hans-Gerd: Personalwirtschaftslehre, 3. Auflage, Stuttgart 2009, S. 275.

376 Vgl. Comelli, Gerhard/von Rosenstiel, Lutz: Führung durch Motivation, 4. Auflage, München 2009, S. 11f.

377 Vgl. Trenkamp, Oliver: Mitarbeiter-Motivation, Wieso Blackberrys und Bonusgehälter böse sind, in: http://www.spiegel.de/unispiegel/jobundberuf/0,1518,435875,00.html, September 2006. (Stand: 24.05.2011)

So konnten deren Annahmen zum Teil widerlegt werden. Cameron et al. beispielsweise sehen im Einsatz äußerer Anreize die Möglichkeit, das Engagement für eine bestimmte Aufgabe zu entfachen. Sind diese dann zudem an Zielvorgaben geknüpft, wird der Ehrgeiz besonders geweckt und führt nochmals zu einer Zunahme der intrinsischen Motivation. Ist eine Tätigkeit von vornherein von Interesse für die Person, wirken schon anerkennende Worte intrinsisch motivierend.[378]
Insgesamt wird ersichtlich, dass ein Zurückdrängen intrinsischer Motivation erst stattfinden kann, wenn diese bereits existiert. Ist also ein monetärer Anreiz von Beginn an Auslöser für eine Arbeitshandlung, können auch keine Folgen für die intrinsische Motivation verzeichnet werden. Zudem spielt das situative Empfinden der Mitarbeiter eine entscheidende Rolle. So kann die intrinsische Motivation nur gestört werden, wenn eine Maßnahme auch als Einengung der eigenen Entscheidungsfreiheit gesehen wird.[379]
Nun gilt es zu überlegen, ob vermehrt Arbeitnehmer existieren, die ohne jeglichen Anreiz von außen dauerhaft dazu bereit wären, Aufgaben bereitwillig auszuführen.[380]
Motivation kann nur begünstigt, nicht erzwungen werden.[381]
Die zu bewältigende Tätigkeit selbst sollte Freude bereiten, demnach intrinsischer Natur sein.[382] Dann kann hohe Arbeitsleistung erzielt werden.[383]
Extrinsisch wirkende Belohnungen, wie beispielsweise die Beteiligung bei erfolgreichem Vertragsabschluss, sollten nur einen angenehmen Zusatz darstellen.[384]

---

378 Vgl. Ridder, Hans-Gerd: Personalwirtschaftslehre, 3. Auflage, Stuttgart 2009, S. 276f.

379 Vgl. Ridder, Hans-Gerd, nach Frey/Jegen (2001): Personalwirtschaftslehre, 3. Auflage, Stuttgart 2009, S. 276f.

380 Vgl. Ridder, Hans-Gerd: Personalwirtschaftslehre, 3. Auflage, Stuttgart 2009, S. 276f.

381 Vgl. Loffing, Christian/Hofmann, Cindy/Splietker, Marcus: Mitarbeitermotivation leicht gemacht, hrsg. von Christian Loffing, Stuttgart 2006, S. 15.

382 Vgl. Comelli, Gerhard/von Rosenstiel, Lutz: Führung durch Motivation, 4. Auflage, München 2009, S. 18.

383 Vgl. Sprenger, Reinhard K.: Mythos Motivation, 19., Frankfurt/Main 2010, S. 24.

Nur wer die Bedeutung seiner Arbeit erkennt und diese als sinnvoll erachtet, ist motiviert und wird Zufriedenheit verzeichnen können. Herausforderungen werden mit Begeisterung angenommen und führen zumeist zum gewünschten Ziel. Demnach heißt es für die Führung von Mitarbeitern, motivieren, kommunizieren und Verantwortung einräumen, anstelle von anweisen, festlegen oder kommandieren.[385]

Neuere Untersuchungen zu den Vorgängen des menschlichen Gehirns haben gezeigt, dass es von Vorteil ist, sich bei der Führung von Mitarbeitern nicht nur auf die Erfüllung eines einzelnen Bedürfnisses zu konzentrieren. Vielmehr sollten die Instrumente an mehreren Stellen parallel ansetzen, da sie einander wechselseitig beeinflussen und somit die Mitarbeitermotivation in höherem Maße verstärken. Kombiniert werden sollten demnach Maßnahmen, die eine gerechte Entlohnung anstreben und jene, die sich auf die Unternehmenskultur, etwa auf die Verbesserung des Betriebsklimas, beziehen. Daneben ist der Einsatz von Instrumenten zur Arbeitsinhaltsgestaltung sowie zur Ressourcenzuteilung und Leistungssteuerung, wie das Schaffen von Vertrauen und Transparenz, zu empfehlen.[386]

Am Beispiel des erfolgreichen Versicherungsunternehmens Aflac wird deutlich, wie positiv sich die umfassende Beachtung der verschiedenen Bereiche auf die Zufriedenheit der Mitarbeiter auswirkt. So gilt das Unternehmen schon seit Jahren als einer der besten Arbeitgeber. Das Wohl der Angestellten steht an oberster Stelle. Der Unternehmensphilosophie zufolge ist es den Mitarbeitern nur möglich sich vollends mit dem Unternehmen zu identifizieren und die Kunden bestmöglich zu betreuen, wenn deren eigene Interessen ernst genommen werden. So versucht das Unternehmen dem Wunsch nach gerechter Entlohnung zu entsprechen, indem es leistungsbezogen vergütet.

---

384 Vgl. Comelli, Gerhard/von Rosenstiel, Lutz: Führung durch Motivation, 4. Auflage, München 2009, S. 18.

385 Vgl. Kempe, Hans-Joachim/Kramer, Rolf: Mitarbeiter-Motivation, Bergisch Gladbach 1993, S. 9.

386 Vgl. Nohria, Nitin/Groysberg, Boris/Lee, Linda-Eling: Mitarbeiter richtig motivieren, in: Harvard Business manager, Edition 2 (2010), S. 30f.; Vgl. Nohria, Nitin/Groysberg, Boris/Lee, Linda-Eling: Mitarbeiter richtig motivieren, in: Harvard Business manager, Jg. 30 (2008), S. 27f.

Weiterhin erfolgt in regelmäßigen Abständen eine Anerkennung für erbrachte Leistungen in Form einer Mitarbeiterwoche.[387] In diesen sieben Tagen finden zahlreiche Aktivitäten für die Arbeitnehmer und deren Familien statt. Beispielsweise lädt das Unternehmen zum gemeinsamen Frühstück und dem Besuch des eigens angemieteten Filmtheaters. Es winken Preise für verschiedene Aktivitäten und es besteht u.a. die Möglichkeit aus einem Angebot an Freikarten, etwa für den Freizeitpark oder den Zoo, zu wählen.[388]
Die Personalentwicklung wird als eine Maßnahme zur Arbeitsinhaltsgestaltung besonders großgeschrieben. Es werden keine Kosten gescheut, um den Mitarbeitern optimale Weiterbildungsmöglichkeiten zu bieten. Job Rotation dient dabei dem Erwerb neuer Fähigkeiten.
Maßnahmen zur besseren Vereinbarkeit von Beruf und Familie, wie etwa ein betriebseigener Kindergarten, stellen neben der vertrauensfördernden Politik, die das Vermeiden von Kündigungen vorsieht, Instrumente zum Bereich der Ressourcenzuteilung und Leistungssteuerung dar.[389]
Durch die gleichzeitige Erfüllung verschiedener Bedürfnisse über materielle und immaterielle Anreizmaßnahmen gelingt es den Führungskräften, die Motivation der Mitarbeiter zu erhöhen. Dies wiederum wirkt sich positiv auf die Unternehmensleistung aus.[390]

---

387 Vgl. Nohria, Nitin/Groysberg, Boris/Lee, Linda-Eling: Mitarbeiter richtig motivieren, in: Harvard Business manager, Edition 2 (2010), S. 25-32.; Vgl. Nohria, Nitin/Groysberg, Boris/Lee, Linda-Eling: Mitarbeiter richtig motivieren, in: Harvard Business manager, Jg. 30 (2008), S. 21-29.

388 Vgl. Garvey, Charlotte: Meaningful tokens of appreciation: cash awards aren't the only way to motivate your workforce, in: http://findarticles.com/p/articles/mi_m3495/is_8_49/ai_n6354973/, August 2004. (Stand: 20.08.2011)

389 Vgl. Nohria, Nitin/Groysberg, Boris/Lee, Linda-Eling: Mitarbeiter richtig motivieren, in: Harvard Business manager, Edition 2 (2010), S. 30f.; Vgl. Nohria, Nitin/Groysberg, Boris/Lee, Linda-Eling: Mitarbeiter richtig motivieren, in: Harvard Business manager, Jg. 30 (2008), S. 27f.

390 Vgl. Nohria, Nitin/Groysberg, Boris/Lee, Linda-Eling: Mitarbeiter richtig motivieren, in: Harvard Business manager, Edition 2 (2010), S. 26.; Vgl. Nohria, Nitin/Groysberg, Boris/Lee, Linda-Eling: Mit-

Zusammenfassend wird deutlich, dass es nicht genügt nur eine extrinsische Motivation zu haben und ausschließlich eine niemals endende Energie aus dem Inneren heraus schöpfen zu können, gilt als wirklichkeitsfremd.
Verknüpft man hingegen beide Motivationsformen, indem man extrinsische sowie intrinsische Anreize setzt, sollte sich das besonders positiv auf die Arbeitsleistung der Mitarbeiter ausüben und ihnen zum Erbringen von Höchstleistungen verhelfen. Führungskräfte sollten diese Kombinationsvariante in Erwägung ziehen, um infolgedessen das Unternehmen erfolgreich voran zu bringen.[391]
Der Einsatz extrinsischer Motivationsanreize sollte jedoch gewissenhaft erfolgen, denn bei unnötigem Gebrauch kann es zu einer Verdrängung der intrinsischen Motivation kommen.[392]

3.4.1 Geld als Motivationsquelle

Dass wir nur des Geldes wegen arbeiten und der finanzielle Anreiz somit eine geeignete Motivationsquelle darstellt, gilt als umstritten.[393]
Jeder Mensch besitzt seine ganz individuelle Einstellung zum Thema Geld. Dementsprechend wird dessen Bedeutsamkeit auf unterschiedliche Art und Weise wahrgenommen und grundverschieden bewertet. In allererster Linie sind es Kulturunterschiede, die den Umgang mit dem monetären Gut prägen. Auch die Erziehung, der vorgelebte Umgang und der elterliche

---

arbeiter richtig motivieren, in: Harvard Business manager, Jg. 30 (2008), S. 22.

391 Vgl. Etrillard, Stéphane: Warum Menschen sich bei der Arbeit anstrengen: Leistungsmotivation im Beruf, in: http://www.openpr.de/news/69439/Warum-Menschen-sich-bei-der-Arbeit-anstrengen-Leistungsmotivation-im-Beruf.html, November 2005. (Stand: 30.05.2011); Vgl. Comelli, Gerhard/von Rosenstiel, Lutz: Führung durch Motivation, 4. Auflage, München 2009, S. 11.

392 Vgl. Comelli, Gerhard/von Rosenstiel, Lutz: Führung durch Motivation, 4. Auflage, München 2009, S. 11.

393 Vgl. Rosenstil, Lutz von: Motivation im Betrieb, 11. Aufl., Leonberg 2010, S. 52.; Vgl. Schweppe, Ronald P./Long, Aljoscha: Raus aus dem Jobfrust, Offenbach 2010, S. 24.; Vgl. Comelli, Gerhard/von Rosenstiel, Lutz: Führung durch Motivation, 4. Auflage, München 2009, S. 145.; Vgl. Niermeyer, Rainer/Seyffert, Manuel: Motivation, 4. Aufl., Planegg/München 2009, S. 8 und S. 91.

Lebensstil sowie der des Umfeldes, wirken sich auf die Einstellung zum monetären Gut aus.[394]
Selbst für jede Zielgruppe hat Geld einen anderen Anreizcharakter. Ältere Arbeitnehmer legen größeren Wert auf die Höhe des Einkommens, als jüngere Kollegen. Letzteren ist die Möglichkeit Erfahrungen in ihrem Beruf zu sammeln wichtiger, so dass sie auch vorerst geringere Bezahlung in Kauf nehmen.[395]
Zudem darf die im Laufe der Zeit stattgefundene Entwicklung nicht außer Acht gelassen werden. So herrschte zu Kriegszeiten materieller Notstand. Um diesen auszugleichen, wurde nach Ende dieser schlimmen Zeiten vermehrt auf den geldlichen Arbeitsanreiz gesetzt. In unserer heutigen Zeit fehlt es uns rein materiell gesehen dagegen an wenigem. Daher schwächt dies den Anreizaspekt.[396]
Geld ist jedoch ohne Frage als Zahlungsmittel in unserer Gesellschaft lebensnotwenig.[397]

Somit wird deutlich, dass das Interesse genau genommen nicht dem Geld an sich gilt, vielmehr sind für die meisten Menschen die Verwendungsmöglichkeiten von unschätzbarem Wert.[398] Es kann der Befriedigung ganz unterschiedlicher Bedürfnisse dienen.[399]
So wird die Erfüllung existenzieller Notwendigkeiten ermöglicht. Beispielsweise können Nahrungsmittel sowie Wohnraum erworben werden.
Aber auch darüber hinaus gehende Bedürfnisse können befriedigt werden, wie etwa der Wunsch nach Ansehen und das Erreichen eines gewissen Gesellschaftsstatus. Es kann auch

---

394 Vgl. Comelli, Gerhard/von Rosenstiel, Lutz: Führung durch Motivation, 4. Auflage, München 2009, S. 145.

395 Vgl. Weinert, Ansfried B.: Organisations- und Personalpsychologie, 5. Aufl., Weinheim/Basel 2004, S. 226.

396 Vgl. Sprenger, Reinhard K.: Mythos Motivation, 19. Aufl., Frankfurt/Main 2010, S. 95f.

397 Vgl. Rosenstil, Lutz von: Motivation im Betrieb, 11. Aufl., Leonberg 2010, S. 52.

398 Vgl. Comelli, Gerhard/von Rosenstiel, Lutz: Führung durch Motivation, 4. Auflage, München 2009, S. 145.

399 Vgl. Schweppe, Ronald P./Long, Aljoscha: Raus aus dem Jobfrust, Offenbach 2010, S. 24.

durchaus positive Auswirkungen auf das Selbstwertgefühl eines Menschen haben. Das Leben kann etwas unbeschwerter genossen werden, denn selbst zur Verwirklichung persönlicher Zielvorstellungen oder Vorlieben, wie etwa der Ausübung einer Freizeitbeschäftigung, wird es benötigt.[400] Ein Arbeiter wird eher dazu bereit sein volle Leistung zu erbringen, wenn er durch seine Arbeitsstelle die Möglichkeit sieht, eine adäquate materielle Absicherung erarbeiten zu können. Diese schafft den Eindruck von mehr Sicherheit.[401]

Geld besitzt darüber hinaus jedoch für jeden Menschen noch einen ganz individuellen Wert.[402]

So ist es durchaus möglich, dass ein Mitarbeiter, der seine Aufgaben bisher eher in gemächlichem Tempo erledigt hat und die Höhe seiner Entlohnung recht nebensächlich war, plötzlich mit großem Arbeitseifer an die Sache geht, um beispielsweise auf den Kauf eines neuen Autos zu sparen. Das Fahrzeug stellt somit ein Bedürfnis dar, welches es zu befriedigen gilt. Hat der Arbeitnehmer schließlich sein Ziel erreicht, ist ein Rückfall in alte Muster zu erwarten, da ihn vorläufig keine bestimmten Umstände zu engagierterem Handeln bewegen.[403]

Viele Menschen sehen in ihrer Arbeit die Möglichkeit, sich durch die damit verbundene finanzielle Entlohnung einen gewissen Lebensstandard aufzubauen. Dabei spielen nicht selten Träume, wie der Erwerb von Luxusgütern, etwa in Form eines großen Anwesens oder eines schicken Sportwagens, eine Rolle.

Ob diese Wünsche jedoch als wahre Bedürfnisse angesehen werden können, ist fraglich.[404]

Ein eher banaler Grund für kontinuierlich engagiertes Arbeitshandeln stellt das für die eine oder andere Person befriedigende Gefühl dar, dass das eigene Bankkonto fortwährend an Umfang zunimmt, ohne dass es darum geht, sich einen bestimmten

400 Vgl. Comelli, Gerhard/von Rosenstiel, Lutz: Führung durch Motivation, 4. Auflage, München 2009, S. 146.

401 Vgl. Niermeyer, Rainer/Seyffert, Manuel: Motivation, 4. Aufl., Planegg/München 2009, S. 92.

402 Vgl. Rosenstil, Lutz von: Motivation im Betrieb, 11. Aufl., Leonberg 2010, S. 52.

403 Vgl. Rosenstil, Lutz von: Motivation im Betrieb, 11. Aufl., Leonberg 2010, S. 52.

404 Vgl. Schweppe, Ronald P./Long, Aljoscha: Raus aus dem Jobfrust, Offenbach 2010, S. 24.

Wunsch erfüllen zu wollen. Es dient rein dem eigenen Interesse.
Der Geltungsdrang eines auf Ansehen fixierten Menschen kann einen weiteren Aspekt des Geldverdienes in sich bergen. So kann der Bruttolohn für manchen Arbeitnehmer einen höheren Stellenwert besitzen, als das Nettoeinkommen. Der Beispielfall einer recht gut verdienenden Führungspersönlichkeit, welche einen Stellenwechsel vorzieht, der sich zwar brutto bemerkbar macht, netto jedoch weitaus weniger als bisher bedeutet, zeigt, wie wichtig der Betrag auf einem Blatt Papier sein kann.[405] Geld hat hier den Wert eines Statussymbols und ist ein Ausdruck für berufliches Fortkommen.[406]
Im Berufsleben ist die Wirkung des Geldes als ein äußerst anpassungsfähiger Leistungsanreiz nicht zu unterschätzen. So ist es beispielsweise möglich, einen besonders engagierten Mitarbeiter mit einer Bonuszahlung[407] für seine guten Dienste zu belohnen, welche, wie auch sein normales Gehalt, nach persönlichem Belieben verwendet werden kann. Damit wird ein weiterer großer Vorteil im Gegensatz zu alternativen Anreizsystemen deutlich, der den Einsatz noch vorteilhafter macht. Denn finanzielle Belohnungen können ohne Wissen über besondere Vorlieben, Wünsche oder Bedürfnisse der einzelnen Arbeitnehmer Anwendung finden. Zudem bedeuten diese keinen großen Verwaltungsaufwand für das Unternehmen. Weitaus höher fällt dieser beispielsweise bei Leistungen wie der kostenfreien Bereitstellung einer Werkswohnung oder einem durch die Firma gewährten Versicherungsschutz aus.
Finanziellen Belohnungsanreizen wird immer wieder ein wenig motivierender Charakter nachgesagt, insbesondere in Form von Sonderzahlungen für Vielverdiener. Dem kann begegnet werden, indem ein niedrigeres Grundgehalt gezahlt wird, welches

405 Vgl. Rosenstil, Lutz von: Motivation im Betrieb, 11. Aufl., Leonberg 2010, S. 52.

406 Vgl. Laux, Helmut/Liermann, Felix: Grundlagen der Organisation, 6. Aufl., Berlin/Heidelberg 2005, S. 506.

407 Werden alternative Belohnungsmethoden verwendet, gestaltet sich eine Rücknahme eines nur einmalig bzw. für einen kurzen Zeitraum angedachten Leistungsanreizes als problematisch. Negative Auswirkungen auf die Leistungsmotivation des Mitarbeiters können die Folge sein. (Vgl. Laux, Helmut/Liermann, Felix: Grundlagen der Organisation, 6. Aufl., Berlin/Heidelberg 2005, S. 506.)

durch Zusatzleistungen, die an Erfolg und Arbeitsleistung gebunden sind, aufgebessert werden kann.[408] Die geleistete Arbeit wird somit in monetärer Form gewürdigt und besitzt dadurch motivierende Wirkung. Es wird deutlich, wie wichtig es sein kann, Leistung direkt und ohne lange Zeitverzögerung durch finanzielle Zuwendungen zu belohnen, um einen größtmöglichen Anstieg des Arbeitsengagements zu erreichen.[409]
Darüber hinaus ist es geldlichen Anreizen möglich, die Ausrichtung auf ungeeignete Ziele, wie Geltungsdrang oder Trägheit, welche massive Fehlentscheidungen in sich bergen können, hin zu finanziellen Absichten des Unternehmens zu lenken. Somit erfolgt eine stärkere Orientierung an den Zielvorstellungen des Betriebes. Die Erweiterungen des Handlungsspielraumes und der Entscheidungsgewalt von Angestellten wird ermöglicht. Zudem werden diese noch zusätzlich zum Geld motiviert, ohne dem Unternehmen durch abweichende Zielbestrebungen zu schaden. Es wird deutlich, dass eine Kombination beider Belohnungsmodelle durchaus Vorteile haben kann.[410]
Untersuchungen haben gezeigt, dass neben dem monetären Anreiz viele weitere Motive für engagiertes Arbeitshandeln existieren.[411]
Betrachtet man einmal das freiwillige Engagement eines Vereinsmitgliedes oder die ehrenamtliche Arbeit in einer sonstigen Institution wird deutlich, das Geld offensichtlich nicht zwangsläufig notwendig ist, um Zufriedenheit zu erlangen. So blühen viele Personen regelrecht in ihrer Tätigkeit auf und sind dadurch mit sich im Reinen.[412] Dies gilt auch für wohlhabende Menschen, die ein schier unerschöpfliches Vermögen besitzen. Obwohl es ihnen möglich wäre, keinen Finger zu rühren, fin-

---

408 Vgl. Laux, Helmut/Liermann, Felix: Grundlagen der Organisation, 6. Aufl., Berlin/Heidelberg 2005, S. 506.

409 Vgl. Comelli, Gerhard/von Rosenstiel, Lutz: Führung durch Motivation, 4. Auflage, München 2009, S. 146.

410 Vgl. Laux, Helmut/Liermann, Felix: Grundlagen der Organisation, 6. Aufl., Berlin/Heidelberg 2005, S. 506f.

411 Vgl. Comelli, Gerhard/von Rosenstiel, Lutz: Führung durch Motivation, 4. Auflage, München 2009, S. 12.

412 Vgl. Schweppe, Ronald P./Long, Aljoscha: Raus aus dem Jobfrust, Offenbach 2010, S. 24.

den sie Gefallen am Ausüben eines Berufes, da dieser ihnen u.a. ein Gefühl von gesellschaftlicher Bedeutsamkeit vermittelt.
Die Bereitschaft Arbeitsleistung zu erbringen, wird somit nicht ausschließlich durch den Geldfaktor bestimmt.[413]
Trotz unseres gestiegenen Lebensstandards ergaben Umfragen, dass wir nicht glücklicher sind. So wird deutlich, dass optimale Wohnbedingungen, die neuesten technischen Geräte und selbst der Einkommensanstieg in Deutschland von über einer Hälfte des noch vor ca. 70 Jahren gezahlten Verdienstes, nicht mehr Zufriedenheit bedeuten.
Der Mensch strebt ohne Unterlass nach Höherem. So gaben US-amerikanische Arbeitnehmer an, sie wären mit 50.000 Dollar zufriedener, als sie es mit ihren 30.000 Dollar Jahresverdienst sind. Erkundigt man sich nun bei besser Verdienenden, die ein Gehalt von 100.000 Dollar pro Jahr beziehen, geben diese an, sie würden mindestens ganze 250.000 Dollar benötigen, um glückselig zu werden.
Oft kann eine stark materiell bezogene Einstellung sogar eine gegenteilige Wirkung auslösen. So führte eine Langzeitstudie über Zufriedenheit zu der Erkenntnis, dass junge Menschen, welche die Angabe machten, nach ihrem Studium viel Geld verdienen zu wollen, damit es ihnen rein materiell gesehen an nichts mangelt, in ihrem späteren Leben einen eher frustrierten Eindruck machten. Es traten häufiger psychische Erkrankungen sowie partnerschaftliche Probleme auf und die Personen waren weniger begierig darauf, sich neues Wissen anzueignen.[414]
Es ist darauf zu achten, anderen Arbeitsmotiven mehr Bedeutung zukommen zu lassen und diese nicht etwa durch den finanziellen Aspekt zu verdrängen.[415]
Auch gibt es gewisse Spielregeln für den Einsatz monetärer Anreize.
So kommt Führungskräften die Aufgabe zu, geldliche Belohnungen für jeden Arbeitnehmer eindeutig nachvollziehbar einzusetzen sowie Höhe und Art verständlich zu machen. Begründende und informierende Gesprächsrunden können dabei

413 Vgl. Rosenstil, Lutz von: Motivation im Betrieb, 11. Aufl., Leonberg 2010, S. 52f.

414 Vgl. Schweppe, Ronald P./Long, Aljoscha: Raus aus dem Jobfrust, Offenbach 2010, S. 24f.

415 Vgl. Rosenstil, Lutz von: Motivation im Betrieb, 11. Aufl., Leonberg 2010, S. 53.

von Nutzen sein und dem Arbeitnehmer zu mehr Klarheit und zu einer angemessenen Selbsteinschätzung verhelfen.
Denn es kommt zumeist nicht auf die letztendliche Höhe des Geldbetrages an, sondern vielmehr auf die subjektiv empfundene Angemessenheit der Bezahlung.
Mitarbeiter vergleichen sich mit anderen Arbeitnehmern oder Kollegen, die der eigenen Stellung im Unternehmen sowie dem zuständigen Aufgabenbereich nahe kommen. Leider erfolgt die Einschätzung nicht immer der Wirklichkeit entsprechend.
So kann Unter- aber auch Überbezahlung unangenehme Gefühlszustände auslösen und negative Auswirkungen auf das Selbstwertgefühl hervorrufen.
Eine als zu gering eingestufte Belohnung kann demotivierende Auswirkungen auf die Arbeitsmotivation haben oder bestenfalls dazu anregen, mehr Leistung zu erbringen. Letzteres ist zumeist auch bei zu hoch empfundener Belohnungssumme zu beobachten. Das eigene Arbeitshandeln wird als wertvoll angesehen und lässt dadurch die Motivation nochmals anwachsen, kann aber auch unangenehme Gefühle in Form von Gewissensbissen hervorrufen.
Jedoch kommt es erfahrungsgemäß eher zu einem Eindruck der Unterbezahlung. Eine verzerrte Wahrnehmung ist häufig Auslöser dieses Empfindens. Folgendes Beispiel eines neu eingestellten Arbeitnehmers verdeutlicht diesen Sachverhalt. Der hinzugekommene Mitarbeiter wird in eine bereits bestehende Arbeitnehmerschaft eingegliedert. Er erhält eine höhere Vergütung, als seine Kollegen. Obwohl er diese durch seine Arbeit tatkräftig unterstützt und der Leistungsdruck fällt, führt die Tatsache, dass er mehr Geld erhält, zu einem Gefühl der Unterbezahlung. Die restliche Belegschaft vergleicht seine erbrachte Leistung mit der Ihrigen und kommt zu dem Schluss, dass sie ihm in nichts nachstehen.
Hier können wie bereits angesprochen, nur geeignete Führungsmaßnahmen Abhilfe schaffen und zu einem Gleichgewicht zwischen Realität und Empfinden beitragen.

Betrachten wir noch einmal die immer wieder in Kritik geratenen Aussagen des Motivationsmodells nach Herzberg. Laut seinem Zwei-Faktoren-Modell stellt Geld, im Sinne des fixen Grundgehalts, welches jeder Arbeitnehmer erst einmal erhält, einen Hygienefaktor dar. Das heißt, er kann Unzufriedenheit auslösen. Jedoch hat ein hohes Gehalt nicht gleich motivations-

fördernde oder zufriedenstellende Wirkung. Es kann lediglich die Unzufriedenheit senken. So wird beispielsweise eine Gehaltserhöhung gewährt, damit bei einem Mitarbeiter, der bereits gute Leistung erbracht hat, keine höhere Unzufriedenheit entsteht. Nicht etwa, um ihn zu motivieren oder ihm mehr Leistung abzuverlangen.
Dieser Sachverhalt bestätigt sich auch, wenn man eine vergleichende Betrachtung von Unternehmen vornimmt. Hohe Gehälter lassen keine überdurchschnittliche Motivation aufkommen, wie Zahlen zur Ertragsfähigkeit und zu Neuerungen zeigen. Einzig und allein die hohe Dauer der Betriebszugehörigkeit sprach für großzügig entlohnende Unternehmen.[416] Es ist jedoch anzunehmen, dass viele Mitarbeiter dem Unternehmen treu bleiben, da sie für ihren Leistungseinsatz sowie ihr Leistungsvermögen nirgends sonst so gut bezahlt werden würden. Hat außer dem geldlichen Aspekt nichts im Unternehmen sonst motivierenden Charakter, kann das zum Ausstieg hervorragender Mitarbeiter führen. Diese haben jederzeit die Möglichkeit, in einer anderen Firma Fuß zu fassen. Den Unternehmen stellt sich daher die Aufgabe, für sinnreiche und bedeutungsvolle Arbeitsaufgaben zu sorgen, um bei den Arbeitnehmern Freude an ihren Tätigkeiten aufkommen zu lassen.[417]
Denn Leistung kann nicht einfach erkauft werden. Geld mag viele Menschen erst einmal anziehen, aber langfristig gesehen, motiviert es nicht zu höherer Leistung.[418]
So bleibt letztendlich festzuhalten, dass Geld allein keine Zufriedenheit auslösen kann, da jeder Geldwert einmal seinen anspornenden Charakter verloren hat.[419]

---

416 Vgl. Comelli, Gerhard/von Rosenstiel, Lutz: Führung durch Motivation, 4. Auflage, München 2009, S. 146f.

417 Vgl. Sprenger, Reinhard K.: Mythos Motivation, 19. Aufl., Frankfurt/Main 2010, S. 96f.

418 Vgl. Sprenger, Reinhard K.: Mythos Motivation, 19. Aufl., Frankfurt/Main 2010, S. 96.; Vgl. Niermeyer, Rainer/Seyffert, Manuel: Motivation, 4. Aufl., Planegg/München 2009, S. 91.

419 Vgl. Niermeyer, Rainer/Seyffert, Manuel: Motivation, 4. Aufl., Planegg/München 2009, S. 91.

3.4.2 Grenzen der Mitarbeitermotivation

Es existieren sehr viele unterschiedliche Arbeitsmotive und jeder Arbeitnehmer entscheidet individuell, was ihm wichtig ist und wo seine Präferenzen liegen.[420]
Entsprechend gibt es auch unzählige Anreize, die durch ein Unternehmen gesetzt werden können. Man sollte jedoch bedenken, dass zu viel des Guten zu einer Selbstverständlichkeit führen kann. Somit können Anreize ihren ursprünglichen Nutzen verlieren.[421]
Zudem ist Leistung nicht ins Unermessliche steigerbar. Ist die Leistungsobergrenze erreicht, hilft die stärkste Motivation nichts. Ganz im Gegenteil. Es kann bei übermäßiger Motivation, durch ein zu hohes Maß an Anreizen, sogar zu einer Überreizung kommen. Diese zeigt sich in extremem Arbeitseifer und besonders starkem Interesse, bringt aber auch Begleiterscheinungen wie Hektik und Nervosität mit sich, welche zu Fehlern und vorschnellen Entscheidungen führen können. Es wird deutlich, dass enormer Leistungswille und hoher Einsatz seitens des Mitarbeiters nicht gleichzeitig sehr gute Leistung bedeuten.[422]

Ein Schwerpunkt der Führungsarbeit besteht ganz klar darin, für eine angemessene Mitarbeitermotivation zu sorgen. Allerdings ist dies nur eingeschränkt möglich, denn jeder Mensch bestimmt zu guter Letzt selbst über sein Verhalten und seine Handlungen.[423] Es kann lediglich Einfluss auf die Arbeitsbedin-

---

420 Vgl. Etrillard, Stéphane: Warum Menschen sich bei der Arbeit anstrengen: Leistungsmotivation im Beruf, in: http://www.openpr.de/news/69439/Warum-Menschen-sich-bei-der-Arbeit-anstrengen-Leistungsmotivation-im-Beruf.html, November 2005. (Stand: 30.05.2011)

421 Vgl. Comelli, Gerhard/von Rosenstiel, Lutz: Führung durch Motivation, 4. Auflage, München 2009, S. 14.

422 Vgl. Rosenstil, Lutz von: Motivation im Betrieb,11. Aufl., Leonberg 2010, S. 90-92.

423 Vgl. Niermeyer, Rainer/Seyffert, Manuel: Motivation, 4. Aufl., Planegg/München 2009, S. 62.; Vgl. Nohria, Nitin/Groysberg, Boris/Lee, Linda-Eling: Mitarbeiter richtig motivieren, in: Harvard Business manager, Edition 2 (2010), S. 31.; Vgl. Nohria, Nitin/Groysberg, Boris/Lee, Linda-Eling: Mitarbeiter richtig motivieren, in: Harvard Business manager, Jg. 30 (2008), S. 28.

gungen sowie die Kompetenzentwicklung eines Mitarbeiters genommen werden, nicht jedoch auf die Persönlichkeit eines Menschen. Diese ist es aber, die im Wesentlichen darüber bestimmt, wie motiviert und engagiert an eine Tätigkeit herangegangen wird. Hier ist die Selbstmotivation des Mitarbeiters gefragt.
Auch die Kompetenzentwicklung bedarf neben einer Unterstützung durch die Führungskraft den Einsatz des Mitarbeiters. Denn nur gemeinsam sind Veränderungen realisierbar.
Begünstigt wird eine hohe Leistungsmotivation durch einen Handlungsspielraum, der es den Mitarbeitern erlaubt, ihr gesamtes Leistungspotential sowie vorhandene Fähigkeiten und Fertigkeiten unter Beweis zu stellen, vollumfänglich zu nutzen und auszubauen.[424]

Untersuchungen belegen, dass es bei Arbeitnehmern vermehrt zu inneren Kündigungen kommt.[425] *Vergleiche hierzu die Ausführungen zu den Ergebnissen der Gallup Studie unter Punkt* 2.2. Die innere Kündigung vollzieht sich meist als schleichender Prozess, der sich aufgrund schwerwiegender Negativerlebnisse und enttäuschender Erwartungen im Zusammenhang mit dem Arbeitsleben entwickelt. Dieses komplexe Phänomen bleibt von Arbeitgeberseite und selbst von Arbeitnehmerseite oftmals lange Zeit unbemerkt. Ehemals engagierte und leistungsfähige Mitarbeiter konzentrieren sich nur noch auf das Dienstende und haben mit ihrer Tätigkeit mental abgeschlossen. Der Arbeit wird nur noch nachgegangen, damit der gewohnte Nutzen nicht verloren geht und aus Sorge um die Zukunft. So sollen beispielsweise soziale Kontakte aufrecht erhalten oder finanzielle Einbußen vermieden werden. Durch die Angst vor einer Entlassung wird versucht, Konflikte zu umgehen und nicht negativ in Erscheinung zu treten. Zu diesem Zwecke erfolgt eine

424 Vgl. Niermeyer, Rainer/Seyffert, Manuel: Motivation, 4. Aufl., Planegg/München 2009, S. 62-64.

425 Vgl. Trenkamp, Oliver: Mitarbeiter-Motivation, Wieso Blackberrys und Bonusgehälter böse sind, in: http://www.spiegel.de/unispiegel/jobundberuf/0,1518,435875,00.html, September 2006. (Stand: 24.05.2011)

anstandslose Unterordnung an die vorherrschenden Gegebenheiten im Unternehmen.[426]
Für den erfolgreichen Unternehmensberater Reinhard K. Sprenger hat diese Resignation der Mitarbeiter eine Signalwirkung für Unzufriedenheit, die zumeist auf das Ausüben einer für die Person ungeeigneten, unbefriedigenden Tätigkeit zurückzuführen ist. Das Unternehmen hat in diesem Fall keine Möglichkeit durch den Einsatz von Anreizmaßnahmen einen Einfluss auf die Motivation der Mitarbeiter zu nehmen.[427]
Einen Ausweg aus dem Jobfrust kann häufig nur der Wechsel des Arbeitsplatzes herbeiführen. Die Deutschen sind dabei, insbesondere durch die aktuell eher schlechte Arbeitsmarktsituation, sehr zurückhaltend. Die Furcht vor dem Neuen und Unbekannten sorgt für Verunsicherung und verhindert den Schritt in eine neue Zukunft. Dabei führt die ewige Unzufriedenheit nicht selten sogar zu gesundheitlichen Beschwerden.
Berichte von Betroffenen, die den Schritt gewagt haben, sprechen für die Suche nach einer Alternative. Esra B. beispielsweise, einstige Medizinstudentin, gestand sich erst kurz vor Ende ihrer Ausbildung ein, dass sie mit dieser Berufswahl nicht glücklich werden kann. So entschied sie sich schließlich für ein Studium der Politikwissenschaft und ist heute sehr erfolgreich und zufrieden.
Eine vollständige Neuorientierung ist dabei nicht immer notwendig. So können Erfahrungen aus dem bisherigen Beruf auch in einer neuen Position durchaus nützlich sein. Beispielsweise ist die Arbeit in einem Reisebüro nach einer Umschulung zur Webdesignerin bei der Gestaltung des Internetauftritts verschiedener Reiseanbieter sehr von Vorteil.[428]

---

426 Vgl. Brinkmann, Ralf D./Stapf, Kurt H.: Innere Kündigung, München 2005, S. 11-13.

427 Vgl. Trenkamp, Oliver: Mitarbeiter-Motivation, Wieso Blackberrys und Bonusgehälter böse sind, in: http://www.spiegel.de/unispiegel/jobundberuf/0,1518,435875,00.html, September 2006. (Stand: 24.05.2011)

428 Vgl. Fuchs, Mareike/Zastiral, Sascha: Ausbruch, Umbruch, Aufbruch - Fliegender Wechsel in einen neuen Beruf, in: http://www.spiegel.de/unispiegel/jobundberuf/0,1518,434649,00.html, September 2006. (Stand: 03.09.2011)

4 Der Zusammenhang von Zufriedenheit, Leistung und Motivation

Es wird häufig darauf geschlossen, dass Motivation durch Zufriedenheit entsteht und demnach in direktem Zusammenhang zur Leistung eines Arbeitnehmers steht. Allerdings wurde vielfach widerlegt, dass ein zufriedener, gleichzeitig ein leistungsfähiger Mitarbeiter ist.[429]

Zufriedenheit und Leistung müssen als autonome, gleichgestellte Absichten betrachtet werden. Allerdings sind Wechselwirkungen zwischen den beiden Faktoren zu beobachten.

So kann es durchaus vorkommen, dass sich Zufriedenheit positiv auf die Leistungsbereitschaft eines Menschen ausübt. Beispielsweise schätzt ein Mitarbeiter seinen Arbeitsplatz aufgrund des angenehmen Betriebsklimas. Die dabei empfundene Zufriedenheit und die Tatsache, dass er dieses Umfeld nicht verlieren will, bewegen ihn zu einer hohen Leistung.

Denkbar ist auch der umgekehrte Fall, bei dem Leistung, Zufriedenheit auslösen kann. Es ist vorstellbar, dass das Streben und schließlich die Realisierung eines gewissen Leistungsmaßes, eine gewisse Genugtuung mit sich bringt.

Eine weitere mögliche Konstellation ist der Einfluss eines weiteren Faktors auf die beiden Größen, wie folgendes Beispiel verdeutlicht. Der Vorgesetzte ist durch seinen freundlichen und warmherzigen Führungsstil bei der Belegschaft sehr beliebt. Zudem erfolgt eine ansprechende Aufgabenverteilung, die die Mitarbeiter zu einer engagierteren Arbeitsweise anregt. Somit kann neben einer enormen Zufriedenheit auch ein hohes Leistungsmaß bei den Mitarbeitern verzeichnet werden.

Ein negativer Bezug stellt sich im nachfolgenden Beispielfall dar.

Eine Strafandrohung bei zu geringer Leistung kann diese zwar steigern, jedoch wird sich die Zufriedenheit der Mitarbeiter stark in Grenzen halten.[430]

---

429 Vgl. Scheffer, David/Kuhl, Julius: Erfolgreich motivieren, Göttingen/Bern/Wien u.a. 2006, S. 51f.

430 Vgl. Rosenstil, Lutz von: Motivation im Betrieb, 11. Aufl., Leonberg 2010, S. 92-94.

Um genaueren Aufschluss über das Verhältnis von Leistung und Zufriedenheit zu erlangen, ist es zunächst notwendig, sich näher mit den Begrifflichkeiten sowie den Messgrundlagen auseinander zu setzen.[431]
Eine Aussage über das Leistungsvermögen einer Arbeitskraft lässt sich anhand eines qualitativen oder quantitativen Maßstabes treffen, welcher von außen bzw. durch die betreffende Person selbst bestimmt wird. Diesem gilt es zu entsprechen.[432]
Existieren gewisse Zielvorstellungen, die in einem bestimmten Zeitraum zu erfüllen sind, kann die erbrachte Leistung mittels konkreter Zahlen genau bestimmt werden,[433] beispielsweise durch die Anzahl gefertigter Mengen pro Tag oder die Ausführungen von Vorgesetzten und Mitarbeitern.[434]
Ein weiteres Beispiel stellt das Erwirtschaften gewisser Umsatzzahlen im Außendienst arbeitender Personen dar. Diese werden individuell auf den Arbeitnehmer zugeschnitten oder aber pauschal festgelegt. Letzteres führt erfahrungsgemäß zu einem Konkurrenzkampf zwischen den einzelnen Arbeitnehmern bzw. Arbeitnehmergruppen.[435] In beiden Fällen wird durch den leichten Druck der Zielvorgaben ein Anstieg der Ar-

---

431 Vgl. Rosenstil, Lutz von: Motivation im Betrieb, 11. Aufl., Leonberg 2010, S. 94.

432 Vgl. Etrillard, Stéphane: Warum Menschen sich bei der Arbeit anstrengen: Leistungsmotivation im Beruf, in: http://www.openpr.de/news/69439/Warum-Menschen-sich-bei-der-Arbeit-anstrengen-Leistungsmotivation-im-Beruf.html, November 2005 (Stand: 30.05.2011) in Verbindung mit vgl. Rosenstil, Lutz von: Motivation im Betrieb, 11. Aufl., Leonberg 2010, S. 94.

433 Vgl. Etrillard, Stéphane: Warum Menschen sich bei der Arbeit anstrengen: Leistungsmotivation im Beruf, in: http://www.openpr.de/news/69439/Warum-Menschen-sich-bei-der-Arbeit-anstrengen-Leistungsmotivation-im-Beruf.html, November 2005. (Stand: 30.05.2011); Vgl. Rosenstil, Lutz von: Motivation im Betrieb, 11. Aufl., Leonberg 2010, S. 94.

434 Vgl. Rosenstil, Lutz von: Motivation im Betrieb, 11. Aufl., Leonberg 2010, S. 94.

435 Vgl. Etrillard, Stéphane: Warum Menschen sich bei der Arbeit anstrengen: Leistungsmotivation im Beruf, in: http://www.openpr.de/news/69439/Warum-Menschen-sich-bei-der-Arbeit-anstrengen-Leistungsmotivation-im-Beruf.html, November 2005. (Stand: 30.05.2011)

beitsleistung zu beobachten sein.[436] Externe Zielvorstellungen können sogar Ansporn sein, die Leistungsvorgaben übertreffen zu wollen.[437]
Dadurch, dass die Messung der Leistung auf unterschiedlichen Grundlagen bzw. Meinungen beruht, fällt auch das Verhältnis zur Zufriedenheit entsprechend verschieden aus.
So ist ein Mitarbeiter stolz und zufrieden über seine erbrachte Leistung in Form zahlreicher Vertragsabschlüsse mit neuen Kunden. Hingegen ist sein Vorgesetzter wenig erfreut über die Leistung dieses Angestellten, da er eine höhere Anzahl an erfolgreichen Abschlüssen erwartet hat und kann demnach die Euphorie des Arbeitnehmers nicht teilen.[438]

Fehlen Vorgaben von außen, lassen Mitarbeiter oftmals ihr ganz eigenes Leistungsniveau entstehen.[439] Dieses muss jedoch nicht immer positiv ausfallen, denn das Fehlen genauer Zielvorgaben lässt oftmals nur ein schwaches Maß an Leistung aufkommen.[440]
Ein Höchstmaß an Leistung kann nur erreicht werden, wenn stets eine Steigerung angestrebt wird. Das regelmäßige Training eines Sportlers verdeutlicht diesen Sachverhalt. Mit jeder Trainingseinheit versucht dieser, seine eigenen Leistungen noch zu verbessern.
Es gilt die externen bzw. die an sich selbst gestellten Anforderungen erfolgreich umzusetzen. Dabei hat die Beurteilung von

---

436 Vgl. Rosenstil, Lutz von: Motivation im Betrieb, 11. Aufl., Leonberg 2010, S. 95.

437 Vgl. Etrillard, Stéphane: Warum Menschen sich bei der Arbeit anstrengen: Leistungsmotivation im Beruf, in: http://www.openpr.de/news/69439/Warum-Menschen-sich-bei-der-Arbeit-anstrengen-Leistungsmotivation-im-Beruf.html, November 2005. (Stand: 30.05.2011)

438 Vgl. Rosenstil, Lutz von: Motivation im Betrieb, 11. Aufl., Leonberg 2010, S. 94.

439 Vgl. Etrillard, Stéphane: Warum Menschen sich bei der Arbeit anstrengen: Leistungsmotivation im Beruf, in: http://www.openpr.de/news/69439/Warum-Menschen-sich-bei-der-Arbeit-anstrengen-Leistungsmotivation-im-Beruf.html, November 2005. (Stand: 30.05.2011)

440 Vgl. Rosenstil, Lutz von: Motivation im Betrieb, 11. Aufl., Leonberg 2010, S. 95.

Leistung enorme Auswirkungen auf die Motivation. Die vor dem eigentlichen Arbeitshandeln stehenden Gefühle können positiver sowie negativer Natur und dementsprechend von unterschiedlicher Bedeutung für die Motivation sein.
So kann die erwartete Zufriedenheit des Chefs im Falle des gelungenen Vorhabens, Ansporn genug sein, um besonders engagiert an die Arbeit zu gehen.
Hingegen können sich in der Vergangenheit ereignete Erlebnisse negativer Art nachteilig auswirken. So hat beispielsweise die Erniedrigung des Chefs wegen zu geringer Leistung eine einschüchternde Wirkung. Dem Erlebten soll keine Wiederholung folgen. Aus dieser inneren Anspannung heraus entsteht eine Blockade, die es dem Mitarbeiter unmöglich macht, sich in notwendigem Maße auf seinen Kunden einzulassen. Somit kann er dessen Wünschen und Vorstellungen nicht ausreichend gerecht werden.[441]

Eine wichtige Erkenntnis stellt die Notwendigkeit der Beachtung des individuellen Anforderungsniveaus dar. Jeder Mitarbeiter muss hiernach auf seine Person bezogen gefordert werden, um Erfolgserlebnisse verzeichnen zu können. So sind Aufgaben mit unterem Schwierigkeitslevel keineswegs eine Garantie für Zufriedenheit. Dem Mitarbeiter ist es nicht möglich, seine eigene Leistungsfähigkeit in vollem Umfang unter Beweis zu stellen, was unter Umständen demotivierende Gefühle hervorrufen kann.
Erfolgreich zu sein, bedeutet Erfolgserlebnisse verzeichnen zu können. Diese beinhalten Verhaltens- bzw. Handlungsweisen, die in der Vergangenheit stets zu gewünschtem Ausgang beigetragen haben. Das Resultat oder bereits der Weg zum Ziel haben dabei belohnende Wirkung.
Es wird deutlich, dass positive Ergebnisse, welche durch eigene Leistung erzielt wurden, zu einem erhöhten Kraftaufwand antreiben.

441 Vgl. Etrillard, Stéphane: Warum Menschen sich bei der Arbeit anstrengen: Leistungsmotivation im Beruf, in: http://www.openpr.de/news/69439/Warum-Menschen-sich-bei-der-Arbeit-anstrengen-Leistungsmotivation-im-Beruf.html, November 2005. (Stand: 30.05.2011)

Diesen Sachverhalt macht man sich im Berufsleben zunutze, indem die Führung Mitarbeitern die Möglichkeit bietet, zufriedenstellende Erfahrungen zu sammeln, um deren Verhaltensweisen letztendlich in wünschenswerte Bahnen zu lenken.
Zuspruch und Bestätigung des Vorgesetzten tragen dabei zu einem gesunden Selbstwertgefühl sowie einem zukünftigen Glauben an die eigene Leistungsfähigkeit bei. So kann man diese Erfolgszuversicht fördern, indem man zum Beispiel seine Mitarbeiter zunächst positive Erfahrungen sammeln lässt. Dazu könnten diese zunächst Termine mit langjährigen Kunden übernehmen, die mit großer Wahrscheinlichkeit erfolgreich verlaufen und einen gewünschten Ausgang nehmen.
Im Gegensatz dazu versucht der Mensch unerfreuliche Erfahrungen, wie Furcht, zu vermeiden. Treten dennoch unschöne Gegebenheiten ein, erfolgen Bemühungen, diese schnellstmöglich einstellen zu können. So wird man auf gewisse Handlungen oder Verhaltensweisen verzichten, um nicht eine Bestrafung oder die Wegnahme von Privilegien zu riskieren.
Um das eigene Selbstwertgefühl zu schützen, begründen Menschen Misserfolge, die sich im Laufe des Arbeitslebens nicht vermeiden lassen, meist durch ein Vorherrschen unglücklicher Gegebenheiten. Im Gegensatz dazu werden Erfolge eher der eigenen Person zugeschrieben.[442]

In einer Firma herrscht eine gewisse Rangordnung. Führungspersönlichkeiten nutzen dabei oftmals ihre Befehlsgewalt, um einen gewissen Druck auf ihre Untergebenen auszuüben.[443] Wird dieser zu stark, beispielsweise in Form unverhältnismäßiger Kontrollen sowie übertriebener Erkundigungen, ausgeübt, kann das bei den Mitarbeitern eine ausgeprägte Furcht vor Be-

---

442 Vgl. Etrillard, Stéphane: Warum Menschen sich bei der Arbeit anstrengen: Leistungsmotivation im Beruf, in: http://www.openpr.de/news/69439/Warum-Menschen-sich-bei-der-Arbeit-anstrengen-Leistungsmotivation-im-Beruf.html, November 2005. (Stand: 30.05.2011)

443 Vgl. Etrillard, Stéphane: Warum Menschen sich bei der Arbeit anstrengen: Leistungsmotivation im Beruf, in: http://www.openpr.de/news/69439/Warum-Menschen-sich-bei-der-Arbeit-anstrengen-Leistungsmotivation-im-Beruf.html, November 2005. (Stand: 30.05.2011)

strafung auslösen.[444] Ein Beispiel hoher Druckausübung ist in der Angst vor der Kündigung zu sehen. Um diesen Umstand zu vermeiden, wird durch zusätzliche Arbeiten eine Überbelastung in Kauf genommen. Daher steigt zunächst die Leistung. Dieser Zustand ist gerade im Bereich des Vertriebs untragbar. Er führt zu einer Aufgabe der Individualität eines Menschen und somit zum Verlust des eigenen Ideenreichtums. Zudem können erbitterte Unruhen sowie Aufstände durch diese starke Unzufriedenheit hervorgerufen werden.[445] Die Leistung wird sich immer weiter vermindern.

Unverkennbar wird deutlich, dass mit zunehmendem Druck die Zufriedenheit der Mitarbeiter abnimmt.[446]

Motivation auf diese Art zu erzeugen und somit seine Mitarbeiter zu mehr Leistung zu bewegen, erscheint daher eher ungeeignet.[447]

Die folgende Abbildung verdeutlicht noch einmal die beschriebenen Zusammenhänge zwischen dem Druck in Richtung hohe Produktivität, Leistung und Zufriedenheit. Es wird davon ausgegangen, dass sich der Druck entgegengesetzt zur Zufriedenheit verhält. Dieser Sachverhalt wird auf der Abszisse dargestellt. Auf der Ordinate wird die Leistung verdeutlicht.

Fehlt der Druck des Arbeitgebers gänzlich, fehlt es dem Mitarbeiter an Orientierung und die Leistung tendiert gegen Null. Geringer Druck in Form von Zielvorgaben führt hingegen zu

---

444 Vgl. Rosenstil, Lutz von: Motivation im Betrieb, 11. Aufl., Leonberg 2010, S. 95 in Verbindung mit vgl. Etrillard, Stéphane: Warum Menschen sich bei der Arbeit anstrengen: Leistungsmotivation im Beruf, in: http://www.openpr.de/news/69439/Warum-Menschen-sich-bei-der-Arbeit-anstrengen-Leistungsmotivation-im-Beruf.html, November 2005. (Stand: 30.05.2011)

445 Vgl. Etrillard, Stéphane: Warum Menschen sich bei der Arbeit anstrengen: Leistungsmotivation im Beruf, in: http://www.openpr.de/news/69439/Warum-Menschen-sich-bei-der-Arbeit-anstrengen-Leistungsmotivation-im-Beruf.html, November 2005. (Stand: 30.05.2011)

446 Vgl. Rosenstil, Lutz von: Motivation im Betrieb, 11. Aufl., Leonberg 2010, S. 95.

447 Vgl. Etrillard, Stéphane: Warum Menschen sich bei der Arbeit anstrengen: Leistungsmotivation im Beruf, in: http://www.openpr.de/news/69439/Warum-Menschen-sich-bei-der-Arbeit-anstrengen-Leistungsmotivation-im-Beruf.html, November 2005. (Stand: 30.05.2011)

einem Leistungsanstieg, lässt jedoch die Zufriedenheit leicht absinken. Wächst der Druck nun weiter, kommt es zu einem Leistungsabfall und parallel dazu sinkt die Zufriedenheit des Mitarbeiters. Es kommt zu einer Abwehrreaktion. Nimmt der Druck nun nochmals an Intensität zu, ist ein Anstieg der Leistung zu beobachten. Im letzten Fall ist der Druck sehr hoch, die Zufriedenheit sehr gering und die Leistung tendiert abermals gegen Null. Der Arbeitnehmer resigniert aus Verzweiflung.[448]

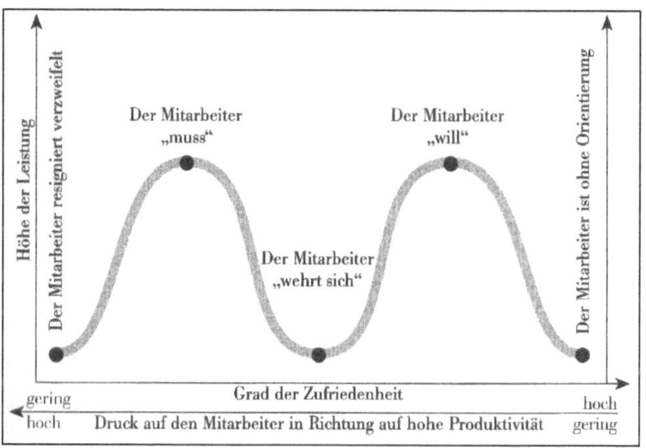

Abb. 3: Der „Führungsbusen“[449]

Um Motivation aus dem Inneren heraus entstehen zu lassen, braucht es zusätzliche Anstöße. Der Einsatz äußerer Anreize mit positivem Inhalt ist eine geeignetere Variante, kann langfristig gesehen dennoch nicht überzeugen.[450]

448 Vgl. Comelli, Gerhard/Rosenstiel, Lutz von: Führung durch Motivation, 4. Aufl., München 2009, S. 41f.

449 Quelle: Comelli, Gerhard/Rosenstiel, Lutz von: Führung durch Motivation, 4. Aufl., München 2009, S. 41.

450 Vgl. Etrillard, Stéphane: Warum Menschen sich bei der Arbeit anstrengen: Leistungsmotivation im Beruf, in: http://www.openpr.de/news/69439/Warum-Menschen-sich-bei-der-Arbeit-anstrengen-Leistungsmotivation-im-Beruf.html, November 2005. (Stand: 30.05.2011)

So würde beispielsweise die Aussicht auf eine Gehaltserhöhung gerade extrinsisch motivierte Mitarbeiter, welche empfänglicher für Belohnungen von außen sind, erst einmal befriedigen. Dieses Hochgefühl wäre jedoch keineswegs von langer Dauer und müsste stetig aufgefrischt werden, damit der Anreiz nicht seine Attraktivität verliert.[451] Dieser Sachverhalt wird deutlich, wenn man sich Wettbewerbssituationen anschaut. Die tollsten Siegespreise haben nur einen kurzzeitigen Anreizcharakter. Daher besteht die Notwendigkeit, Wettbewerbe in regelmäßigen Abständen zu wiederholen.[452]
Es wird deutlich, dass die Anreizsetzung von außen ein ungeeigneter Ausgangspunkt ist, um seine Angestellten nachhaltig zu motivieren.[453]
Der Effekt der intrinsischen Motivbefriedigung ist hingegen von längerer Dauer als die Wirkung der extrinsischen Motiverfüllung und ist von hohem Stellenwert für das Arbeitsverhalten und die Arbeitsleistung.[454]
Die intrinsische Motivation eignet sich folglich ideal um seine Mitarbeiter nachhaltig zu motivieren.[455]

Es ist von großer Bedeutung, dass die gewählten Motivationsmethoden mit den Arbeitsmotiven der Belegschaft harmonieren. Nur so kann Zufriedenheit entstehen. Die Unternehmensziele dürfen dabei jedoch nicht aus den Augen verloren werden.
So wird eine Unterkunft auf Kosten der Firma zwar dazu beitragen, dass ein Mitarbeiter dem Betrieb länger erhalten bleibt, allerdings wird in der Regel kein Leistungsanstieg zu verzeich-

---

451 Vgl. Olfert, Klaus (Hrsg.): Personalwirtschaft, 11., überarbeitete und aktualisierte Auflage, Kiehl 2005, S. 217-218.

452 Vgl. Etrillard, Stéphane: Warum Menschen sich bei der Arbeit anstrengen: Leistungsmotivation im Beruf, in: http://www.openpr.de/news/69439/Warum-Menschen-sich-bei-der-Arbeit-anstrengen-Leistungsmotivation-im-Beruf.html, November 2005. (Stand: 30.05.2011)

453 Vgl. Comelli, Gerhard/von Rosenstiel, Lutz: Führung durch Motivation, 4. Auflage, München 2009, S. 11.

454 Vgl. Olfert, Klaus (Hrsg.): Personalwirtschaft, 11., überarbeitete und aktualisierte Auflage, Kiehl 2005, S. 217-218.

455 Vgl. Comelli, Gerhard/von Rosenstiel, Lutz: Führung durch Motivation, 4. Auflage, München 2009, S. 11.

nen sein.[456] Hier ist noch einmal ersichtlich, dass kein zwingender Zusammenhang zwischen Mitarbeiterzufriedenheit und Arbeitsleistung besteht.[457]
Sind Mitarbeiter davon überzeugt ihre Motivziele, wie die Beförderung und der Wunsch nach mehr Geld, durch Verhaltensweisen, wie das Halten im Hintergrund, Ruhe und Gelassenheit oder die Pflege von Beziehungen zu Vorgesetzten, erreichen zu können, ist es dem Unternehmen unmöglich, sein Trachten nach mehr Arbeitsengagement zu erfüllen.
Die Ziele des Unternehmens sowie die Vorstellungen darüber, wie diese erreicht werden sollen, müssen den Mitarbeitern klar und deutlich vermittelt werden.
Diese Orientierung und die sorgfältige Auswahl von Motivationsanreizen ermöglicht ein für beide Seiten zufriedenstellendes, erfolgreiches Arbeitsverhältnis.
Der Aspekt der intrinsischen Motivationserzeugung sollte dabei besondere Berücksichtigung finden. Denn nur wer Spaß bei der Arbeit empfindet, wird auch die Vorstellungen des Unternehmens in vollem Umfang erfüllen können.[458]
Es existieren verschiedene Möglichkeiten, um bewerten zu können, wie es um die Zufriedenheit seiner Mitarbeiter bestellt ist. So können Einzelbefragungen oder anonyme Testverfahren aller Mitarbeiter, beispielsweise in Form von Fragebögen, Aufschluss über die vorherrschenden Umstände innerhalb der Firma geben. Auch die Analyse handfester Indikatoren wie die Abwesenheitsquote oder die Eintritts- bzw. Austrittsrate von Arbeitnehmern kann dabei behilflich sein.[459]

In einem Unternehmen sollten die Auswirkungen auf die Arbeitszufriedenheit und die Arbeitsleistung bei allen bedeutenden Vorgehensweisen bzw. Entscheidungen, die das Personal betreffen, genauestens hinterfragt werden. Führt ein Vorhaben

---

456 Vgl. Comelli, Gerhard/von Rosenstiel, Lutz: Führung durch Motivation, 4. Auflage, München 2009, S. 17.

457 Vgl. Scheffer, David/Kuhl, Julius: Erfolgreich motivieren, Göttingen/Bern/Wien u. a. 2006, S. 51f.

458 Vgl. Comelli, Gerhard/von Rosenstiel, Lutz: Führung durch Motivation, 4. Auflage, München 2009, S. 17f.

459 Vgl. Rosenstil, Lutz von: Motivation im Betrieb, 11. Aufl., Leonberg 2010, S. 95.

zu einer Steigerung eines der beiden Faktoren, muss das nicht entsprechend für den anderen gelten. Ziel sollte somit ein ausgeglichenes Verhältnis von Leistung und Zufriedenheit sein.[460]

460 Vgl. Rosenstil, Lutz von: Motivation im Betrieb, 11. Aufl., Leonberg 2010, S. 97.

5 Fazit

Schon die Betrachtung der in der Arbeit beispielhaft behandelten Theorien verdeutlicht bereits die enorme Komplexität der Motivationsthematik. Es ist nicht möglich, eine allgemeingültige Strategie festzulegen, die eine nachhaltige und gelungene Mitarbeitermotivation gewährleisten kann. Dafür sind Menschen und Situationen viel zu unterschiedlich.
Dennoch können einige grundlegende Hinweise gegeben werden, wie die Motivation der Mitarbeiter nachhaltig verbessert und folglich die Leistungsbereitschaft erhöht werden kann.

Zuallererst muss deutlich gemacht werden, dass Motivation, um dem oben genannten Anspruch gerecht zu werden, von innen kommen muss. Sie kann allerdings durch den gezielten Einsatz entsprechender Instrumente begünstigt werden. Hierfür sind im Vorfeld zwei wesentliche Sachverhalte zu beachten. Die Führungskraft muss sich ausreichend Kenntnis über die Bedürfnisse seiner Mitarbeiter aneignen sowie das entsprechende Verständnis zu Instrumenten und deren Wirkungen aufbauen. Denn falsch eingesetzt, können diese zur Verdrängung bereits vorhandener intrinsischer Motivation führen. Es gilt ein Feingefühl für die Belange der Arbeitnehmer zu entwickeln. Es empfiehlt sich der parallele Einsatz mehrerer Instrumente, um die verschiedenen Bedürfnisse anzusprechen.
Dabei muss die Verbindung zur Unternehmensstruktur geschaffen werden, damit die betrieblichen Ziele erfüllt werden können.
Der Grundstein wird dabei schon bei der Personalauswahl gelegt. Hier gilt es darauf zu achten, dass die Anforderungen der Stelle mit den Bedürfnissen und Kompetenzen der Mitarbeiter harmonieren. Diese Voraussetzung bietet eine optimale Grundlage, um Motivation von innen heraus entstehen zu lassen.
Die Unternehmensziele müssen dabei jedem Mitarbeiter transparent gemacht werden, damit diese eine Orientierung haben und die Bedeutung ihrer Tätigkeit erkennen können. Sie sollen schließlich für gemeinsame Ziele begeistert werden und somit dem Unternehmen zum Erfolg verhelfen. Erfolge spornen auch den Mitarbeiter zu hoher Arbeitsleistung an, wenn er zu diesen beigetragen hat. Dies zeigt, dass eine permanente Kommunika-

tion zwischen den einzelnen Organisationsmitgliedern unumgänglich ist.
Mitarbeitern sollte ausreichend Freiraum eingeräumt werden, damit diese sich selbst entfalten sowie vorhandene Kompetenzen zum Einsatz bringen können. Dadurch können überhaupt erst Stärken erkannt werden. Zu bedenken gilt es hier, dass Zufriedenheit nicht gleich Leistung bedeutet. Der entsprechende Vorgesetzte hat dabei stets die Aufgabe, beide Kriterien zu überwachen bzw. Einfluss zu nehmen.

Das in der Arbeit vorgestellte Unternehmen der Reha Vita GmbH hat gezeigt, dass Mitarbeiterzufriedenheit und Unternehmenserfolg eng beieinander liegen.
Während die Reha Vita GmbH ihren Fokus auf die Vereinbarkeit von Beruf und Familie legt und dabei äußerst erfolgreich ist, konzentriert sich das erwähnte Versicherungsunternehmen Aflac auf die vielschichtige Bedürfnisstruktur seiner einzelnen Mitarbeiter. Deren Firmenphilosophie besagt, dass Erfolg nur möglich ist, wenn die Zufriedenheit der Mitarbeiter gewährleistet ist.
Beide Unternehmen können mit ihrer jeweiligen Unternehmenspolitik als Vorbilder für andere Firmen fungieren.

Nachhaltige Mitarbeitermotivation kann nur gefördert, jedoch nicht gefordert werden. Demnach sind extrinsische Anreize nur unterstützend einzusetzen, um die intrinsische Motivation zu maximieren.

6 Literaturverzeichnis

Bücher:

Böhne, Alexander: Generierung von Identifikations- und Motivationspotentialen älterer Arbeitnehmer im Kontext eines professionellen Human Resource Management, München/Mehring (: Rainer Hampp Verlag,) 2008.

Brinkmann, Ralf D./Stapf, Kurt H.: Innere Kündigung, Wenn der Job zur Fassade wird, München (: C.H. Beck,) 2005.

Comelli, Gerhard/Rosenstiel, Lutz von: Führung durch Motivation, Mitarbeiter für Unternehmensziele gewinnen, 4. Aufl., München (: Vahlen,) 2009.

Duderstadt, Stefan: Wertorientierte Vertriebssteuerung durch ganzheitliches Vertriebscontrolling, Konzeption für Retailbanking, hrsg. von Roland Berger, Wiesbaden (: Deutscher Universitäts-Verlag,) 2006.

Elias, Sabine: Incentives und ihre Wirkung auf die Mitarbeiter, Eine empirische Untersuchung des „Mythos Motivation", Berlin (: Verlag für Wissenschaft und Forschung,) 2000.

Franken, Swetlana: Verhaltensorientierte Führung, Individuen-Gruppen-Organisationen, Wiesbaden (: Gabler,) 2004.

Frenzen, Heiko: Teams im Vertrieb, Gestaltung und Erfolgswirkungen, hrsg. von Manfred Krafft, Wiesbaden (: Gabler,) 2009.

Gutmann, Joachim/Hüsgen, Jens: Flexible Arbeitszeit, Wie Sie moderne Konzepte und Modelle nutzen, Planegg (: Rudolf Haufe Verlag,) 2005.

Hanks, Kurt: Die Kunst der Motivation, Wie Manager ihren Mitarbeitern Ziele setzen und Leistungen honorieren, Ideen-Konzepte-Methoden, Wien (: Ueberreuter,) 1992.

Hentze, Joachim/Graf, Andrea/Kammel, Andreas u. a.: Personalführungslehre, 4. Aufl., Bern/Stuttgart/Wien (: Haupt,) 2005.

Holtbrügge, Dirk: Personalmanagement, 3. Aufl., Berlin/Heidelberg (: Springer,) 2007.

Hungenberg, Harald/Wulf, Torsten: Grundlagen der Unternehmensführung, 3. Aufl., Berlin/Heidelberg (: Springer,) 2007.

Ingham, Gavin: Motivieren, Wie Sie aus sich und anderen das Beste herausholen (Englischer Originaltitel: Motivate People. Get the best from yourself and others, Kindersley, 2007), Offenbach (: Gabal,) 2008.

Jung, Hans: Allgemeine Betriebswirtschaftslehre, 10., überarbeitete Aufl., München (: Oldenbourg Wissenschaftsverlag,) 2006.

Jung, Hans: Personalwirtschaft, 8., aktualisierte und überarbeitete Aufl., München (: Oldenbourg Wissenschaftsverlag,) 2008.

Kals, Elisabeth/Gallenmüller-Roschmann, Jutta: Arbeits- und Organisationspsychologie, Kompakt, 2., überarbeitete Aufl., Basel/Weinheim (: Beltz,) 2011.

Kempe, Hans-Joachim/Kramer, Rolf: Mitarbeiter-Motivation, Wunsch und Wirklichkeit, Band 33, Bergisch Gladbach (: Heider,) 1993.

Kirchler, Erich: Arbeits- und Organisationspsychologie, 2. Auflage, Wien (: Facultas,) 2008.

Kolb, Meinulf: Personalmanagement, Grundlagen-Konzepte-Praxis, Wiesbaden (: Gabler,) 2008.

Kühlmann, Torsten M.: Mitarbeiterführung in internationalen Unternehmen, Stuttgart (: Kohlhammer,) 2008.

Lange, Claudia: Soft Skills, Kunden nachhaltig begeistern, München (: Haufe-Lexware,) 2010.

Laux, Helmut/Liermann, Felix: Grundlagen der Organisation, Die Steuerung von Entscheidungen als Grundproblem der Betriebswirtschaftslehre, 6. Aufl., Berlin/Heidelberg (: Springer,) 2005.

Lindemann, Viola: Flexible Gestaltung von Arbeitsbedingungen nach der Schuldrechtsreform, Bd. 42, Köln (: Verlag Dr. Otto Schmidt,) 2003.

Loffing, Christian/Hofmann, Cindy/Splietker, Marcus: Mitarbeitermotivation leicht gemacht, Tipps für die Motivationsarbeit, hrsg. von Christian Loffing, Stuttgart (: Kohlhammer,) 2006.

Mühleisen, Stefan/Kropp, Peter: Karrierefaktor Soft Skills, Trainieren Sie Ihre Schlüsselqualifikationen, Freiburg (: Rudolf Haufe Verlag,) 2005.

Neuberger, Oswald: Führen und Führen lassen, Ergebnisse und Kritik der Führungsforschung, 6., völlig neu bearbeitete und erweiterte Aufl., Stuttgart (: Lucius und Lucius,) 2002.

Niermeyer, Rainer/Seyffert, Manuel: Motivation, 4., aktualisierte Aufl., Planegg/München (: Rudolf Haufe Verlag,) 2009.

Olfert, Klaus (Hrsg.): Personalwirtschaft, Kompendium der praktischen Betriebswirtschaft, 11., überarbeitete und aktualisierte Auflage, Ludwigshafen (: Kiehl,) 2005.

o. V.: Die bedeutendsten Management-Vordenker, Band 3, Frankfurt/Main (: Campus,) 2005.

Rheinberg, Falko: Intrinsische Motivation und Flow-Erleben, in: Heckhausen, Jutta/ Heckhausen, Heinz (Hrsg.): Motivation und Handeln, 3., überarbeitete und aktualisierte Aufl., Heidelberg (: Springer Medizin Verlag,) 2006.

Ridder, Hans-Gerd: Personalwirtschaftslehre, 3., überarbeitete und aktualisierte Aufl., Stuttgart (: Kohlhammer,) 2009.

Rosenstiel, Lutz von/Regnet, Erika/Domsch, Michel (Hrsg.): Führung von Mitarbeitern, Handbuch für erfolgreiches Personalmanagement, 5., überarbeitete Aufl., Stuttgart (: Schäffer-Poeschel,) 2003.

Rosenstil, Lutz von: Motivation im Betrieb, Mit Fallstudien aus der Praxis, 11., überarbeitete und erweiterte Aufl., Leonberg (: Rosenberger Fachverlag,) 2010.

Scheffer, David/Kuhl, Julius: Erfolgreich motivieren, Mitarbeiterpersönlichkeit und Motivationstechniken, Göttingen/Bern/Wien u. a. (: Hogrefe,) 2006.

Schneider, Hans J./Klaus, Hans (Hrsg.): Mensch und Arbeit, Handbuch für Studium und Praxis, 11., aktualisierte und erweiterte Aufl., Düsseldorf (: Symposion,) 2008.

Scholz, Christian: Personalmanagement, Informationsorientierte und verhaltenstheoretische Grundlagen, 5., neubearbeitete und erweiterte Aufl., München (: Franz Vahlen,) 2000.

Schütz, Julia: Pädagogische Berufsarbeit und Zufriedenheit, Eine bildungsbereichsübergreifende Studie, Bielefeld (: Bertelsmann,) 2009.

Schweppe, Ronald P./Long, Aljoscha: Raus aus dem Jobfrust, Offenbach (: Gabal,) 2010.

Semmer, Norbert K./Udris, Ivars: Bedeutung und Wirkung von Arbeit, in: Schuler, Heinz (Hrsg.): Organisationspsychologie, 4., aktualisierte Aufl., Bern (: Huber,) 2007.

Sprenger, Reinhard K.: Mythos Motivation, Wege aus einer Sackgasse, 19., aktualisierte und erweiterte Aufl., Frankfurt/Main (: Campus,) 2010.

Stock-Homburg, Ruth: Personalmanagement, Theorien-Konzepte-Instrumente, 2. Aufl., Wiesbaden (: Gabler,) 2010.

Stroebe Antje I./Stroebe, Rainer W.: Motivation durch Zielvereinbarungen, Engagement in der Arbeit - Erfolg in der Umsetzung, hrsg. von Ekkehard Crisand, Gerhard Raab, 2., überarbeitete Aufl., Frankfurt am Main (: Verlag Recht und Wirtschaft,) 2006.

Stroebe, Rainer W.: Führungsstile, Management by Objectives und situatives Führen, hrsg. von Ekkehard Crisand, 7., überarbeitete Aufl., Heidelberg (: Sauer Verlag,) 2003.

Stroebe, Rainer W.: Grundlagen der Führung, mit Führungsmodellen, hrsg. von Ekkehard Crisand, Gerhard Raab, 13., überarbeitete Aufl., Hamburg (: Windmühle,) 2010.

Ulich, Eberhard: Arbeitspsychologie, 6., überarbeitete und erweiterte Aufl., Zürich/Stuttgart (: vdf Hochschulverlag, Schäffer-Poeschel,) 2005.

Weinert, Ansfried B.: Organisations- und Personalpsychologie, 5., vollständig überarbeitete Aufl., Weinheim/Basel (: Beltz,) 2004.

Weisheit, Jürgen: Alternierende Telearbeit und Vereinbarkeit von Beruf und Familie, in: Knauth, Peter (Hrsg.): Erfolgsfaktor familienbewusste Personalpolitik, Bd. 16, Frankfurt am Main (: Peter Lang,) 2000.

Wiswede, Günter: Motivation und Arbeitsverhalten, Organisationspsychologische und industriesoziologische Aspekte der Arbeitswelt, München (: Ernst Reinhardt,) 1980.

Wöhe, Günter: Einführung in die Allgemeine Betriebswirtschaftslehre, 22., neubearbeitete Aufl., München (: Franz Vahlen,) 2005.

Wunderer, Rolf: Führung und Zusammenarbeit, Eine unternehmerische Führungslehre, 7., überarbeitete Aufl., Köln (: Luchterhand,) 2007.

Ziglar, Zig: Erfolg für Dummies, Sonderausgabe, Weinheim (: Wiley-VCH Verlag,) 2009.

Fachlexika:

Lexikon der Betriebswirtschaft, 3500 grundlegende und aktuelle Begriffe für Studium und Beruf, hrsg. von Ottmar Schneck, 6., überarbeitete und erweiterte Aufl., München (: Deutscher Taschenbuch Verlag,) 2005.

Lexikon der Betriebswirtschaft, Managementkompetenz von A bis Z, hrsg. von Jean-Paul Thommen, 4., überarbeitete und erweiterte Aufl., Zürich (: Versus,) 2008.

Zeitschriften:

Aubry, Christian: Lohnkosten optimieren durch Essensgutscheine - Mit Mittagessen Lohn steigern, in: Arbeit und Arbeitsrecht, Heft 01 (2011), S. 39-41.

Bunke, Roland: Gehaltserhöhung Geld oder Auto? Ein Firmenwagen bringt Image, kann die Motivation steigern und sich rechnen. Da gilt es nur, den Chef zu überzeugen, in: Auto Bild, Heft 29 (2010), S. 64.

Dirk, Schmidt: Unternehmenserfolg durch Motivation-Führungskräfteentwicklung, in: Arbeit und Arbeitsrecht, Heft 12 (2010), S. 699-701.

Holtmann, Doris/Salmon, Dirk: Schwerpunkt: Mitarbeiter führen, Beurteilen und Belohnen, in: Personal (Zeitschrift für Human Resource Management), Heft 03 (2011), S. 18-19.

Nohria, Nitin/Groysberg, Boris/Lee, Linda-Eling: Mitarbeiter richtig motivieren, in: Harvard Business manager, Jg. 30 (2008), S. 21-29.

Nohria, Nitin/Groysberg, Boris/Lee, Linda-Eling: Mitarbeiter richtig motivieren, in: Harvard Business manager, Edition 2 (2010), S. 25-32.

Wüstenhagen, Claudia: Deko bringt mehr Leistung, in: Zeit Wissen, Heft 06 (2010), S. 93.

Zeitungen:

Schlingmann, Julia: Es gibt keinen richtigen oder falschen Führungsstil, in: VDI Nachrichten; 2011, Nr. 01, S. 19.

Internet:

Audi AG: Audi Erfolgsbeteiligung 2009: durchschnittlich € 5.300 pro Mitarbeiter, in: http://www.inar.de/blog/automobilindustrie/20090310/audi-erfolgsbeteiligung-2009-durchschnittlich--5300-pro-mitarbeiter.html, März 2009. (Stand: 24.07.2011)

Audi AG: Höchste Mitarbeiter-Erfolgsbeteiligung in der Audi-Geschichte, in: http://www.audi.de/de/brand/de/unternehmen/Investor_Relations/news_und_adhoc/finanznachrichten.detail.2011~03~hoechste_mitarbeiter-erfolgsbeteiligung.html, März 2011. (Stand: 24.07.2011)

Audi AG: Fragen und Antworten, Wie verlief die Umsatzentwicklung des Audi Konzerns in den letzten Jahren?, in: http://www.audi.de/de/brand/de/tools/advice/faq/investor_relations/wie_hat_sich_das_konzernergebnis.html, ohne Angaben. (Stand: 24.07.2011)

berufundfamilie gGmbH eine Initiative der Gemeinnützigen Hertie-Stiftung: Beruf und Familie. Ein Mehrwert für alle, in: http://www.beruf-und-familie.de/system/cms/data/dl_data/4f0b887a622002bbedf899d2812998b0/broschuere_berufundfamilie.pdf, Mai 2010. (Stand: 28.08.2011)

berufundfamilie gGmbH eine Initiative der Gemeinnützigen Hertie-Stiftung: Die Vorreiter einer familienbewussten Personalpolitik in Deutschland: 265 Arbeitgeber werden in Berlin mit dem Zertifikat zum audit berufundfamilie ausgezeichnet, in: http://www.beruf-und-familie.de/index.php?c=37&sid=&cms_det=884, ohne Angaben. (Stand: 28.08.2011)

Etrillard, Stéphane: Warum Menschen sich bei der Arbeit anstrengen: Leistungsmotivation im Beruf, in: http://www.openpr.de/news/69439/Warum-Menschen-sich-bei-der-Arbeit-anstrengen-Leistungsmotivation-im-Beruf.html, November 2005. (Stand: 30.05.2011)

Fischer, Bernhard: Studie zur Mitarbeitermotivation: Die Älteren aussortieren ist unsinnig, in: http://www.openpr.de/news/513135/Studie-zur-Mitarbeitermotivation-Die-Aelteren-aussortieren-ist-unsinnig.html, Februar 2011. (Stand: 17.08.2011)

Flüter-Hoffmann, Christiane: Flexible Arbeitszeiten halten gesund, in: http://www.openpr.de/news/415560/Flexible Arbeitszeiten-halten-gesund.html, März 2010. (Stand: 01.09.2011)

Frey, Constance: Fachkräftemangel, Zeitbombe demografischer Wandel, in: http://www.tagesspiegel.de/wirtschaft/berliner-wirtschaft/zeitbombe-demografischer-wandel/1781704.html, März 2010. (Stand: 23.08.2011)

Fuchs, Mareike/Zastiral, Sascha: Ausbruch, Umbruch, Aufbruch - Fliegender Wechsel in einen neuen Beruf, in: http://www.spiegel.de/unispiegel/jobundberuf/0,1518,434649,00.html, September 2006. (Stand: 03.09.2011)

Garvey, Charlotte: Meaningful tokens of appreciation: cash awards aren't the only way to motivate your workforce, in: http://findarticles.com/p/articles/mi_m3495/is_8_49/ai_n6354973/, August 2004. (Stand: 20.08.2011)

Gemeinnützige Hertie-Stiftung, Finke, Claudia/Jacobi, Carmen: Wir über uns, in: http://www.ghst.de/wir-ueber-uns/, ohne Angaben. (Stand: 01.08.2011)

Haas, Sibylle: Mitarbeiter-Beteiligung, Deutschland mit massivem Nachholbedarf, in: http://www.sueddeutsche.de/wirtschaft/mitarbeiter-beteiligung-deutschland-mit-massivem-nachholbedarf-1.891704, September 2007. (Stand: 21.07.2011)

Heyeckhaus, Marcus: Die Motivation ist tot. Lang lebe die Motivation! Mitarbeitermotivation: Vom Mythos zur Praxis?, in: http://www.openpr.de/news/523767/Die-Motivation-ist-tot-Lang-lebe-die-Motivation-Mitarbeitermotivation-Vom-Mythos-zur-Praxis.html, März 2011. (Stand: 09.07.2011)

Jouanne-Diedrich, Holger von: Michael E. Porter, in: http://www.ephorie.de/michael_porter.htm, ohne Angaben. (Stand: 05.05.2011)

Kwasnik, Gerhard: Kostenmanagement Plus - ohne den Faktor Personal lässt sich nicht wirtschaften, in: http://www.presse-artikel.org/gerhard-kwasnik-kostenmanagement-plus-ohne-den-faktor-personal-laesst-sich-nicht-wirtschaften-35726/, März 2011. (Stand: 23.08.2011)

Nink, Marco: Engagement Index Deutschland 2010, in: http://eu.gallup.com/Berlin/146030/Praesentation-zum-Gallup-EEI-2010.aspx, Februar 2011. (Stand: 11.07.2011)

o. V.: Motivation, in: http://www.zitate.de/db/ergebnisse.php?sz=2&stichwort=&kategorie=Motivation&autor=, ohne Angaben. (Stand: 23.08.2011)

o. V.: Pressemitteilung-10. Zertifikatsverleihung zum audit berufundfamilie: Mehr als 600 Unternehmen, Institutionen und Hochschulen in Deutschland tragen bereits das Markenzeichen der Familienfreundlichkeit, in: http://www.reha-vita.de/downloads/rv/pm_zertifizierung_berufundfamilie.pdf, Juni 2008. (Stand: 28.08.2011)

o. V.: Self-Determination Theory, in: http://www.psych.rochester.edu/SDT/, ohne Angaben. (Stand: 04.09.2011)

o. V.: Victor H. Vroom, in: http://mba.yale.edu/faculty/profiles/vroom.shtml, ohne Angaben. (Stand: 27.04.2011)

Reha Vita GmbH Klinik für Gesundheit und Sport, Seifert, Christian: Rehafragebogen-Punkt 9: Würden Sie Reha Vita an Freunde und Bekannte weiterempfehlen? , in: http://www.reha-vita.de/downloads/rv/patientenbefragung_2_quartal_11_orthopaedie.pdf, Juni 2011. (Stand: 30.08.2011)

Reha Vita GmbH Klinik für Gesundheit und Sport, Seifert, Christian: Auszeichnungen, in: http://www.reha-vita.de/rv_auszeichnungen.html, aktueller Stand: 08.08.2011. (Stand: 30.08.2011)

Reha Vita GmbH Klinik für Gesundheit und Sport, Seifert, Christian: Qualitätsmanagement - Bester Arbeitgeber, in: http://www.reha-vita.de/rv_bester_ag.html, aktueller Stand: 08.08.2011. (Stand: 30.08.2011)

Reha Vita GmbH Klinik für Gesundheit und Sport, Seifert, Christian: Qualitätsmanagement-Mitarbeiterbefragungen, in: http://www.reha-vita.de/rv_quali_mitarb_befragung.html, aktueller Stand: 08.08.2011. (Stand: 30.08.2011)

Reha Vita GmbH Klinik für Gesundheit und Sport, Seifert, Christian: Qualitätsmanagement - Qualitätspreis 2010, in: http://www.reha-vita.de/rv_qualipreis_2010.html, aktueller Stand: 08.08.2011. (Stand: 30.08.2011)

Reha Vita GmbH Klinik für Gesundheit und Sport, Seifert, Christian: beruf und Familie, in: http://www.reha-vita.de/rv_berufundfamilie.html, aktueller Stand: 24.08.2011. (Stand: 28.08.2011)

Reha Vita GmbH Klinik für Gesundheit und Sport, Seifert, Christian: Firmenphilosophie, in: http://www.reha-vita.de/rv_firmenphilosophie.html, aktueller Stand: 24.08.2011. (Stand: 29.08.2011)

Reha Vita GmbH Klinik für Gesundheit und Sport, Seifert, Christian: Startseite-Herzlich Willkommen bei Reha Vita, in: http://www.reha-vita.de/index.html, aktueller Stand: 24.08.2011. (Stand: 29.08.2011)

Schille, Peter/Ohr, Jens: Audi: GuV (in Mio. EUR), in: http://www.finanzen.net/bilanz_guv/Audi, ohne Angaben. (Stand: 24.07.2011)

Szymanski, Frank: Lokales Bündnis für Familie, in: http://www.cottbus.de/buerger/leben/soziales/engagement/lokales_buendnis_fuer_familie,255032465.html, ohne Angaben. (Stand: 30.08.2011)

Trenkamp, Oliver: Mitarbeiter-Motivation, Wieso Blackberrys und Bonusgehälter böse sind, in: http://www.spiegel.de/unispiegel/jobundberuf/0,1518,435875,00.html, September 2006. (Stand: 24.05.2011)

Werner, Dirk: Trends und Kosten der betrieblichen Weiterbildung - Ergebnisse der IW-Weiterbildungserhebung 2005, in: http://www.iwkoeln.de/portals/0/PDF/trends01_06_2.pdf, Februar 2006. (Stand: 18.07.11)

Sonstige Quellen:

Reha Vita GmbH, Redaktion: Rönisch, Mario: Präventionskurse, 2. Halbjahr 2011.

7 Abbildungsverzeichnis

Zeitfracht Medien GmbH
Ferdinand-Jühlke-Straße 7
99095 Erfurt, Deutschland
produktsicherheit@kolibri360.de